Allitera Verlag

edition monacensia
Herausgeber: Monacensia
Literaturarchiv und Bibliothek
Dr. Elisabeth Tworek

Weitere Informationen über den Verlag und sein Programm unter
www.allitera.de

Vollständiger Reprint der Erstausgabe von 1910,
erschienen im Verlag von Max Kellerer in München

Dezember 2012
Allitera Verlag
Ein Verlag der Buch&media GmbH, München
Umschlaggestaltung: Alexander Strathern, München
Printed in Germany · ISBN 978-3-86906-377-5

Wanderzüge
im Umkreise Münchens

zu Fuß und mit dem Rad

von

Julius Falter.

42 Touren mit 22 Illustrationen.

München.
Verlag von Max Kellerers Hofbuchhandlung.

Ein freundlicher Wink.

Wer den Wanderstab ergreift, nehme eine frohe Laune mit sich, lasse den Alltagsärger hübsch zu Hause und womöglich alles, was damit zusammenhängt, versehe sich mit wetterfester Kleidung, gutem Schuhwerk, vergesse nicht Fahrplan, Kompaß und Spezialkarte, orientiere sich vor Antritt der Tour nach der Himmelsrichtung, und lasse sich durch eine erlebte Enttäuschung nicht aus dem Gleichgewicht bringen, denn auf Regen folgt Sonnenschein.

J. F.

Die geschichtlichen Daten entstammen den Werken von W. Götz, Söltl, Regnet, Sighart, Stumpf und Arnold. Die bildlichen Aufnahmen vom Verein für Volkskunst und Volkskunde und den Herren L. Kiefer, L. Blumenthal und L. Schmied.

Vorwort.

Das Urteil über die landschaftlichen Schönheiten der Umgebung Münchens von seiten verschiedener älterer Reiseschriftsteller war ein geradezu vernichtendes, so daß die Bevölkerung der Stadt in ihrer etwas übertriebenen Bescheidenheit selbst daran glaubte und die reizende Umgegend Münchens erst entdecken lassen mußte.

Das Urteil Gustav Adolfs bei seinem Einzug 1632, daß ihn diese Stadt anmute gleich einem goldenen Sattel auf einen dürren Klepper, möchte fast einen Schein von Berechtigung an sich tragen für den Reisenden, der von Norden her sich der Metropole nähert.

Die wenigen dürftigen Kiefernwäldchen auf magerem Heidegrund sind nicht imstande, selbst das anspruchsloseste Gemüt in Begeisterung zu versetzen. Nur wenige Kilometer östlich, westlich oder südlich belehren uns gründlich eines Besseren, ganz abgesehen davon, daß selbst im Norden Münchens kein Mangel an malerischen intimen Stimmungsbildern herrscht. Orte, wie Weßling, Walchstadt, Wildenholzen, Heimhausen, Burgrain, Eurasburg u. a., waren noch in den siebziger Jahren des vorigen Jahrhunderts so gut wie unbekannt. Heute weiß jedermann, von welch unschätzbarem Werte die zahlreichen Ausflugspunkte für München sind und welche Anziehungskraft sie für den erholungsbedürftigen Großstädter bilden.

Der große Gürtel prächtiger Waldungen, die sanft gewellten Höhenzüge, Flußläufe und Seebecken des Voralpengebietes, mit den zahlreich eingestreuten, schmucken Ortschaften, Schlössern und Kapellen bilden ein dankbares Arbeitsfeld für die naturfrohe Touristenwelt.

Die Liebe zur Natur und zur heimatlichen Scholle hat mich veranlaßt, meine Wanderfahrten der Öffentlichkeit zu übergeben, mögen sie eine freundliche Aufnahme finden.

Ostern 1910.

Julius Falter

Inhalts-Verzeichnis.

Tour Nr.		Seite
I.	Ramersdorf, Berg am Laim, Haidhausen	1
II.	Ramersdorf, Perlach, Trudering, mit Haching und Taufkirchen	3
III.	Bogenhausen, Englischer Garten, Schwabing	6
IV.	Georgenschwaige, Milbertshofen, Oberwiesenfeld	8
V.	Neuhausen, Nymphenburg, Laim	10
VI.	Sendling, Neuhofen, Thalkirchen, Giesing, mit Fasanengarten, Stadelheim	14, 16
VII.	Isarauen, Menterschwaige, Harlaching, Au	16
VIII.	Dachau, Indersdorf, Haimhausen, Schleißheim	19
IX.	Anzing, Burgrain, Isen, Schwaben	23
X.	Kirchseeon, Wildenholzen, Zinneberg, Eglharting	25
XI.	Isartal und Gleißental	28
XII.	Schäftlarn, Deining, Harmating, Wolfratshausen	32
XIII.	Holzapfelkreut, Buchendorf, Leutstetten, Wangen, Baierbrunn	35
XIV.	Planegg, Geisenbrunn, Bruck, Roggenstein	37
XV.	Weßling, Andechs, Starnberg	40
XVI.	Otterfing, Dietramszell, Reutberg, Teufelsgraben, Holzkirchen	41
XVII.	Würmtal und Würmseegebiet	43
XVIII.	Südlicher Teil des Würmsees	47
XIX.	Ammersee und angrenzende Gebiete	50
XX.	Südlicher und westlicher Teil des Ammersees	51
XXI.	Anzinger Forst, Ebersberg, Grafing, Ölkofen	53
XXII.	Mangfallwinkel	57
XXIII.	Taubenberg	61

Tour Nr.		Seite
XXIV.	Leitzachtal, Seehamsee	62
XXV.	Sauerlach, Hofoldinger Forst, Lauser See, Westerham	63
XXVI.	Vom Irschenberg zum Stadelberg	65
XXVII.	Schwaben, Erding, Wartenberg .	68
XXVIII.	Erding, Tauffirchen, Dorfen	71
XXIX.	Baierbrunn, Icking, Wolfratshausen, Leoni	72
XXX.	Schleißheim, Maisteig, Kranzberg, Freising, Neufahrn	77
XXXI.	Feldkirchen, Aschheim, Ismaning, St. Emeran	81
XXXII.	Dachauer Moos: Gröbenzell, Geiselbullach, Dachau mit Olching, Bruck	84
XXXIII.	Pasing, Gröbenried, Dachau . . .	88
XXXIV.	Holzapfelkreut, Forst Kasten, Freiham .	90
XXXV.	Wörnbrunn, Laufzorn, Brunnwart .	91
XXXVI.	Gronsdorf, Putzbrunn, Siegertsbrunn .	92
XXXVII.	Haar, Grasbrunn, Egmating, Aying .	93
XXXVIII.	Forstenriederpark, Fürstenried	94
XXXIX.	Weilheim, Hohenpeissenberg, Wessobrunn, Diessen, Herrsching	97
XXXX.	Weilheim, Polling, Bernried	100
XXXXI.	Hörlkofen, Kaltenbachtal, St. Wolfgang, Dorfen	102
XXXXII.	Steinebach, Breitbrunn, St. Ottilien .	103

Ortsregister.

	Tour Nr.	Seite
Au	VII.	16
Anzing	IX.	23
Aschheim	IX. XXXI.	23, 81
Aufhofen	XII.	32
Ascholding	XII.	32
Argelsried	XIV.	37
Alling	XIV.	37
Andechs	XV.	40
Ammersee	XIX.	50
Alban St.	XIX.	50
Anzinger Forst	XXI.	53
Aschbach	XXII.	57
Altenburg	XXII.	57
Aubing	XXXII.	84
Allach	XXXIII.	88
Aying	XXXVII.	93
Berg am Laim	I.	1
Baumkirchen	I.	1
Bogenhansen	III.	6
Brunnthal	III.	6
Biederstein	III.	6
Birkenleiten	VI.	14
Burgrain	IX.	28
Bieberschanze	XIII.	35
Buchendorf	XIII.	35
Baierbrunn	XIII.	35
Biburg	XIV.	37
Bruck	XIV.	37
Bergham	XVI.	41
Berg	XVIII.	47
Buch	XIX. XXXXI.	50, 102
Breitbrunn	XIX. XXXXII.	50, 103
Bachern	XIX.	50
Bergkirchen	XXXII.	84
Blutenburg	XXXIII.	88
Brunnwart	XXXV.	91
Bad Sulz	XXXIX.	97
Böbing	XXXIX.	97
Bayerdiessen	XXXIX.	97
Bittlbach	XXXIX.	97

	Tour Nr.	Seite
Dachau	VIII. XXXII.	19, 84
Dingharting	XI.	28
Deining	XII.	32
Ditramszell	XVI.	41
Diana Forsthaus	XXI.	53
Dorfen	XXVIII. XXXXI.	94, 102
Dachauer Moos	XXXII.	84
Engl. Garten	III.	6
Eglharting	X.	25
Ebersberg	XXI	53
Egelburgersee	XXI.	53
Eschelbach	XXVII.	68
Erding	XXVII.	68
Emeran St.	XXXI.	81
Eisolzried	XXXII.	84
Egmating	XXXVII.	93
Fasangarten	VI.	16
Falkenberg	X.	25
Fürstenfeld	XIV.	37
Fronloh	XIV.	37
Feldafing	XVIII.	47
Franzosengrab	XXIX.	72
Freising	XXX.	77
Freiham b. P.	XXXIV.	90
Forstwirt	XXXVII.	93
Forstenried	XXXVIII.	94
Forstenriederpark	XXXVIII.	94
Fürstenried	XXXVIII.	94
Gasteig	I.	1
Georgenschwaige	IV.	8
Gern	V.	10
Grafeneiche	VI.	14
Glonn	X.	25
Grünwald	XI.	28
Gleißental	XI.	28
Geisenbrunn	XIV.	37
Gelbenholzen	XIV.	37
Gauting	XVII.	43

	Tour Nr.	Seite
Garatshausen	XVII.	43
Grafrath	XIX.	50
Grünsink	XIX.	50
Greifenberg	XIX. XXXXII.	50, 103
Grafing	XXI.	53
Grub	XXII.	57
Goßing	XXIII.	61
Gregoriweg	XXIX.	72
Gröbenzell	XXXII.	84
Graßlfing	XXXII.	84
Geiselbullach	XXXII.	84
Gröbenried	XXXIII.	88
Gronsdorf	XXXVI.	92
Georgen St.	XXXIX.	97
Haidhausen	I.	1
Haching	II.	3
Hirschgarten	V.	10
Harlaching	VII.	16
Heimhausen	VIII.	19
Hochnuthing	VIII.	19
Hohenlinden	IX.	23
Harmating	XII.	32
Holzapfelkreut	XIII.	35
Hoflach	XIV.	37
Herrsching	XIV. XIX.	37, 50
Holzkirchen	XVI.	41
Hohenleiten	XVIII.	47
Hubertus	XXI.	53
Hofoldinger Forst	XXV.	63
Helfendorf	XXV.	63
Hochäcker	XXXV.	91
Höllriegelskreut	XXXV.	91
Höhenkirchner Forst	XXXVII.	93
Hohenpeissenberg	XXXIX.	97
Hörlkofen	XXXXI.	102
Hampersdorf	XXXXI.	102
Jsarauen	VII.	16
Jndersdorf	VIII.	19
Jsen	IX. XXXXI.	28, 102
Jsartal	XI.	28
Jasberg	XVI.	41
Jnning	XIX.	50
Jrschenberg	XXVI.	65
Jcking	XXIX.	72
Jrschenhausen	XXIX.	72
Jsmaning	XXXI.	81
Jakobsee	XXXX.	100

	Tour Nr.	Seite
Kaltherberg	VIII.	19
Kirchseeon	X.	25
Keferlohe	X.	25
Kreuzpullach	XI.	28
Konradshöhe	XIII.	35
Königswiesen	XVII.	43
Karlsburg	XVII.	43
Kiental	XIX.	50
Kranzberg	XXX.	51
Kasten Forst	XXXIV.	90
Kastensee	XXXVII.	93
Kaltenbachtal	XXXXI.	102
Laim	V.	10
Leutstetten	XIII.	35
Leoni	XVIII.	47
Leitzachtal	XXIV.	62
Lauserfee	XXV.	63
Lochhausen	XXXII.	84
Laufzorn	XI. XXXV.	28, 91
Milbertshofen	IV.	8
Maria Einsiedel	VI.	14
Marienklause	VII.	16
Menterschwaige	VII.	16
Maria Brunn	VIII.	19
Maximilianseiche	X.	25
Möschenfeld	X.	25
Mühltal a. d. J.	XI.	28
Maria Elend	XVI.	41
Mühltal a. d. W.	XVII.	43
Mühlfeld	XIX.	50
Mangfallwinkel	XXII.	57
Marhof	XXXVIII.	94
Magnetsried	XXXX.	100
Neuberghausen	III.	6
Neuhausen	V.	10
Nymphenburg	V.	10
Neuhofen	VI.	14
Nüchternbrunn	XXIII.	61
Niklasreut	XXVI.	65
Neufahrn a. d. J.	XXX.	77
Neuried	XXXVIII.	94
Nußberger Weiher	XXXX.	100
Oberwiesenfeld	IV.	8
Obergiesing	VII.	16
Otterfing	XVI.	41
Ölkofen	XXI.	53
Oberlaus	XXV.	63

	Tour Nr.	Seite
Olching	XXXII.	84
Oberdill	XXXVIII.	94
Ottilien St.	XXXXII.	103
Perlach	II.	3
Preisingdenkmal	XIII.	35
Planegg	XIV.	37
Pfaffing	XIV.	37
Peletsmühle	XVI.	41
Possenhofen	XVIII.	47
Pähl	XVIII.	47
Pilsensee	XIX.	50
Pasing	XXXIII.	88
Perlacher Forst	XXXVI.	92
Polling	XXXX.	100
Pflaumdorf	XXXXII.	103
Ramersdorf	I	1
Riem	IX.	23
Römerschanze	XI.	28
Reichertshauser Tal	XII.	32
Roggenstein	XIV.	37
Reutberg	XVI.	41
Reismühle	XVII.	43
Rottmanshöhe	XVII.	43
Roseninsel	XVIII.	47
Ried	XIX.	50
Rothenbuch	XXXIX.	97
Raisting	XXXIX.	97
Schwabing	III.	6
Schönfeld	IV.	8
Sendling	VI.	14
Siebenbrunn	VI.	14
Stadelheim	VI.	16
Schleißheim	VIII.	19
Schwaben	IX.	23
Steinsee	X.	25
Sonnenhausen	X.	25
Schwanegg	XI.	28
Steinerne Stiege	XI.	28
Schäftlarn	XII. XXIX.	32, 72
Schorn	XIII.	35
Schöngeising	XIV.	37
Seefeld	XIV.	37
Starnberg	XVII.	43
Seeshaupt	XVIII.	47
Steinebach	XIX. XXXXII.	50, 103
Stegen	XIX.	50

	Tour Nr.	Seite
Seehamsee	XXIV. XXVI.	37, 41
Sauerlach	XXV.	63
Stadelberg	XXVI.	65
Schlederleitenweg	XXIX	72
Stockdorf	XXXIV.	90
Siegertsbrunn	XXXVI.	92
Solalinden	XXXVI.	92
Schattenhofen	XXXXII.	103
Tauffkirchen	II.	3
Trudering	II.	3
Türkengraben	IV.	8
Thalkirchen	VI.	14
Thauing	XII.	32
Teufelsgraben	XVI.	41
Tutzing	XVIII.	47
Taubenberg	XXIII.	61
Thalham	XXIII.	61
Thann Matzbach	XXVII.	68
Tauffkirchen b. D.	XXVIII.	71
Untergiesing	VI.	14
Unterschondorf	XIX.	50
	XXXXII.	103
Unterföhring	XXXI.	81
Unterdill	XXXVIII.	94
Valley	XXII.	57
Wildenholzen	X.	25
Wörnbrunn	XI.	28
Wolfratshausen	XII. XXIX.	32, 72
Weßling	XIV.	37
Würmtal	XVII.	43
Würmsee	XVII.	43
Wörthsee	XIX. XXXXII.	50, 103
Walchstadt a. W.	XIX.	50
Westerham	XXV.	63
Weyrer Eindl	XXV.	63
Wildparting	XXVI.	65
Wörnsmühl	XXVI.	65
Wartenberg	XXVII.	68
Walchstadt a.d. J.	XXIX.	72
Weilheim	XXXIX XXXX	97, 100
Wessobrunn	XXXIX.	97
Wolfgang St.	XXXXI.	102
Zinneberg	X.	25
Zellerwald	XVI.	41
Zell a. J.	XXIX.	72

Wanderzüge im Umkreise Münchens.
1. Teil.
Vor den Toren der Stadt.
I.

Ramersdorf — Berg am Laim — Haidhausen.

Das althistorische Isartor, durch welches Kaiser Ludwig der Bayer seinen Einzug hielt, wählen wir als Ausgangspunkt. In wenigen Minuten ist über der Isarbrücke der Gasteig erreicht; von dessen Höhe donnerten 1796 die Geschütze der Franzosen und Österreicher auf die Stadt. An Stelle des Armenspitals stand der Osterwaldsche Garten mit der Schwanenburg, die frühere Sternwarte, und ringsherum die alten traulichen Bierkeller; sie sind alle modern geworden, nur das Kirchlein auf dem Gasteig und die Kreuzigungsgruppe mahnen noch an die alte Zeit; unweit der Kapelle stand das Leprosenhaus. An Stelle des Münchner Kindl-Kellers lag der alte stille Hofbräuhauskeller unter mächtigen Kastanienbäumen, nur für bevorzugte Gäste zugänglich. Diesem reihte sich der Zenger- und Schleibingerkeller an. Den Schluß der Gaststätten bildete der Lüftenwirt, ein Einstell-Wirtshaus niederen Ranges. Hinter der heutigen Bahnunterfahrt stand das Landgut des Hofkammerpräsidenten Johann Mandel, eines hochverdienten Staatsmannes zur Zeit des Kurfürsten Max I. und Ferdinand Maria. Nun folgen zu beiden Seiten der Straße, welche früher mit Linden und später mit italienischen Pappeln bepflanzt war, die ältesten Ziegeleien der Stadt München, von denen wohl das Material zum Bau der Frauenkirche hergeholt wurde. Ein Kreuzweg führte zu der einstmals in bedeutendem Ansehen stehenden Wallfahrtskirche in Ramersdorf. Die Kirche ist reich an historischen Denkwürdigkeiten, es sei nur der Kreuzpartikel Kaiser Ludwigs des Bayern und die Gedenktafel mit der Darstellung der 42 schwedischen Geiseln erwähnt, welche Gustav Adolf bis zur Entrichtung der Kriegskontribution mit fortgenommen hatte. Auf der Evangelienseite sehen wir das Votivbild der 20 Geiseln des österreichischen Erbfolgekrieges. Ein geschnitztes Altarbild der Kreuzigungsgruppe, eine gute Arbeit aus der Schule des 15. Jahrhunderts, und die Votivtafel der alten Loderinnung Münchens als Stifterin des Frauendreißigers sind außerdem beachtenswert.

Von Ramersdorf führt ein Feldsträßchen über die Altöttinger Feldkapelle nach Berg am Laim. Nicht weit davon in südöstlicher Richtung befindet sich die Stelle, wo das 13 $\frac{1}{2}$ Kilometer lange Hachinger Bächlein verschwindet, um seinen unterirdischen Lauf bis zur Isar fortzusetzen. Bald darauf stehen wir vor der prächtigen Michaelshofkirche, die an Stelle einer Kapelle 1737 im Barockstil erbaut wurde. Das Deckengemälde ist von dem Wessobrunner Meister Zimmermann gemalt. Unter der Vorhalle der Kirche sind die hier einstens begüterten Freiherrn von Hompesch bestattet. Der vaterländische Dichter, Jesuitenpater Balde, erhielt in dieser Kirche die Priesterweihe. Angrenzend an Berg am Laim liegt Baumkirchen mit seinem idyllischen Kirchlein und dem Klosterfriedhofe. Unweit von Berg am Laim gegen Süden lag die von Bischof Clemens August, einem Sohne Max Emmanuels, erbaute Josefsburg, welche später zu allerlei profanen Zwecken Verwendung fand. — Unsere Wanderung stadteinwärts fortsetzend, gelangen wir in einer Viertelstunde in die Gemarkungen Haidhausens. Die einstige herzogliche Hofmark mit ihren schmucken Häuschen, Schlößchen und weit ausgedehnten Gärten ist verschwunden. Die Herren von Loiblfing und Preysing hatten hier stattliche Landsitze. Außerdem standen auf der Höhe Haidhausens, welches früher übrigens Waidhausen genannt wurde, u. a. der Landsitz des angesehenen Geschlechtes der Riedler und das burgartige, von vier Türmen flankierte Schloß des Grafen von Perusa. Rechts ab von der alten Kirche am Gottesacker vorüber lag die Schwaige (Schwoag'n); der ihr zunächst gelegene Straßenzug führt noch heute diesen Namen. Hier finden sich noch originelle Bauten mit Holztreppen und Galerien an der Außenseite, die nicht selten mit allerlei Zierat und Heiligenfiguren geschmückt sind. Näher stadteinwärts liegt die Kreppe und auch in der Grube ist noch manche Idylle zu finden. An eine wackelige Hütte schmiegt

Partie aus Tauffkirchen im Hachingertal.

sich die trauliche Weinlaube und in einem Sonnenblumen=
gärtchen von sechs Quadratmeter Größe sitzt der Hausvater
an schönen Sommerabenden in Hemdärmeln bei seiner Bier=
kanne. Bald wird wohl der letzte Rest dieser originellen
Ansiedlung verschwunden sein. Unmittelbar hinter dieser
Jdylle erhebt sich der stolze Bau des Maximilianeums.

II.
Ramersdorf — Perlach — Trudering.

Von Ramersdorf aus zieht sich die mit mächtigen Bäumen
bepflanzte Landstraße nach dem ½ Stunde entfernten großen

Pfarrdorf Perlach, welches einst ein adeliger Sitz war und eine eigene Gerichtsbarkeit hatte. Das freundliche Dorf, vom Hachinger Bach durchflossen, präsentiert sich bis auf einige Häuser von städtischem Ansehen auf das Angenehmste. Nach Beendigung der napoleonischen Kriege siedelten sich im südlichen Teile des Ortes eine große Anzahl Überrheiner protestantischer Konfession an, welche ein eigenes Gemeinwesen bildeten. Die schmucken Häuschen dieser Kolonie mit blumengeschmückten Vorgärten und grün und weiß gestrichenen Umzäunungen machen einen ungemein freundlichen Eindruck. Von Perlach südwärts gelangt man über Unterbiberg durch das sogenannte Hachinger Tal, an mehreren freundlichen Ortschaften, wie Haching, Potzham und Tauskirchen mit hübscher Kirche (alter Grabstein des Ritters Hilprand Tauffkircher, † 1380) vorüber nach Oberhaching mit seiner Riesenlinde und nach Deisenhofen. — Südöstlich von Perlach führt die Straße nach Putzbrunn. Beim zehnten Kilometerstein in der Nähe eines Votivkreuzes, eine gute halbe Stunde von Perlach entfernt, gelangt man durch das breite Geräumt auf angenehmem ³/₄ stündigem Waldweg und einem Feldsträßchen in einer weiteren Viertelstunde nach Trudering (Bahnanschluß).

Denkstein im Perlacher Forst.

In dem Walde befindet sich rechts vom Wege —, der Pfad ist markiert —, ein einsames Denkmal, dessen Ursprung unbekannt ist. Ähnliche Votivkreuze und Denksteine sind viele in Oberbayern allenthalben zerstreut aufzufinden. Entweder sind sie auf Gelöbnisse zurückzuführen oder es wurden Pest- und Leprakranke weit abseits von menschlichen Behausungen unter solchen Kreuzen bestattet. In Trudering — Kirch- und Straßtrudering — soll der Sage nach in grauer Vorzeit

Kirche in Ottendichl.

eine Burg gestanden sein, welche die Herzogin Utta bewohnte, an deren Namen sich bekanntlich das tragische Schicksal des heiligen Emeran knüpfte. Die Orte um Trudering wurden vielfach urkundlich schon zur Agilolfingerzeit erwähnt. Die Gegend ist zwar landschaftlich reizlos und flach, doch finden sich hübsche Gehöfte, beachtenswerte Einzelbilder und manch schönes Kirchlein vor, so z. B. die Kirche in Ottendichl, deren schöne Verhältnisse sich vorzüglich in den Rahmen des Landschaftscharakters einfügen. Der Vorfrühling und Spätherbst sind zu Exkursionen in dieses Gebiet am besten geeignet.

III.
Bogenhausen — Englischer Garten — Biederstein — Schwabing.

Die prächtigen Anlagen, welche sich an Stelle des einstigen steilen Hangweges vom Maximilianeum isarabwärts ziehen, gelten mit Recht als eine Perle unter den Schöpfungen König Max' II. Der am Ende dieser Anlagen liegende freundliche Vorort Bogenhausen nahm schon in früheren Zeiten eine bevorzugte Stelle ein. Im Jahre 1740 wurde der neben der Kirche befindliche Köglhof unter dem Namen Neuberghausen zu einem adeligen Sitze erhoben und mit einem Patrimonialgerichte verbunden (nach Söltl dem Grafen Törring zugesprochen). Zu Ende des 18. Jahrhunderts ging es in den Besitz der Hompesch und später an den allmächtigen Minister Grafen Montgelas über, dem auch der Herzogpark gehörte, welchen im Laufe der Zeit Herzog Max in Bayern käuflich erwarb. Unter dem Namen Neuberghausen war das über einem Graben gelegene Schlößchen mit Park ein viel besuchter Platz der vornehmen Welt und hatte durch die Streckschen Konzerte einen gewissen Ruf erlangt. Außerhalb des Ortes gegen Osten liegt die Sternwarte, an welcher der schottische Gelehrte Lamont gewirkt hatte; seine Ruhestätte befindet sich an der Südwand des dortigen Friedhofes. In der alten Betzschen Gartenwirtschaft erfreuen wir uns an dem biedermaierschen Tanzsaal nebst Karussel aus der Großväterzeit. Das am unteren Ende des Ortes gelegene Bad Brunnthal wurde zu Ende des 17. Jahrhunderts als Pfründnerhaus gegründet und später in eine Kuranstalt umgebaut. Die Max-Josephbrücke führt uns nun nach dem unter Kurfürst Karl Theodor von dem Engländer Grafen Rumford (Benjamin Thomson) Ende des 18. Jahrhunderts angelegten Englischen Garten zum Chinesischen Turme, von dessen oberster Terrasse man früher eine umfassende Aussicht auf München genoß. Unweit davon stand einst der Paradiesgarten, in dem allsonntäglich dem Tanzvergnügen gehuldigt wurde; in einem der heiteren Muse geheiligten Nebenzimmer fand sich sehr häufig ein Künstlervölkchen ein, welches hier parodistische Kasperltheateraufführ=

rungen gab, wie uns Paul Heyse erzählt. War an Sonntagen der Paradiesgarten überfüllt, so konnte man sich in dem etwas abseits gelegenen primitiveren Biergarten zum Himmelreich gütlich tun. Auch dieses ist verschwunden gleich dem schönen Dianabad, woselbst sich die feinere Welt ein Rendezvous gab. Hier befand sich einst die Freysche Lodenfabrik in ihrem Anfangsstadium und ein Schwimmbad, welches sich jedoch der zweifelhaften Beschaffenheit des Wassers wegen keiner besonderen Zugkraft erfreute. Weiter nordwärts dem Bach entlang führt eine schöne Promenade über große blumige Wiesen mit herrlichen Baumgruppen zu dem idyllischen Milchhäusl, welchem allerdings die Maffeische Fabrik stark auf den Leib gerückt ist, aber ohne dessen Beliebtheit zu beeinträchtigen. In einigen Minuten stehen wir an der Wasserkante des Kleinhesseloher Sees; an der Spitze des maritimen und eissportlichen Unternehmens stand nach dem alten Zitzler, der ob seines urwüchsigen und unverwüstlichen Humors stadtbekannte Gabriel Wörlein. Unweit davon befindet sich der stille Biedersteiner Park mit seinem Schwanenteich, ein idyllisches Fleckchen Erde mit einem einfachen Schloßgebäude, dem einstigen Witwensitze der Königin Karoline von Bayern und nunmehr der herzoglichen Familie gehörig. An den Englischen Garten schließt sich die Hirschau an, ein Naturpark mit prächtigen Baumbeständen, dessen Zielpunkte der Aumeister und die Floriansmühle sind. Von Biederstein, der Parkstraße stadtwärts folgend, bietet sich ein hübscher Blick auf Alt-Schwabing. Dieses einstige Gemeinwesen wird als Swapingen schon 782 beurkundet. Auch hier standen mehrere Edelsitze, worunter das gräflich Waldkirchische Schlößchen bis auf die heutigen Tage sich erhielt. Unter den originellen Wirtschaften figurierten außer dem Großwirt der Saubauer, die sieben Schwaben und der Prinzengarten. Einer gewissen Berühmtheit unter den Münchener Festlichkeiten erfreute sich die Schwabinger Kirchweih. Damals gab es in Schwabing weder Schattenspiele noch Malweiber, ein sehr bekannter Typ waren zu jener Zeit die sog. Schwabinger Millimadl'n in Schnürmieder und mit Pelzmütze angetan, welche auf langen Stangen über der Schulter die Milch in blank geputzten Kübeln alltäglich nach der Stadt trugen. Heute gehört das nordwestliche Schwabing zu den vornehmsten Teilen der Stadt.

IV.
Georgenschwaige — Milbertshofen — Türkengraben — Oberwiesenfeld.

Bekanntlich hatte die Stadt in früherer Zeit an den Toren ihr Ende, und so war dieses auch bei dem neben der Theatinerkirche gelegenen Schwabinger Tor der Fall. Auf dem Areal der Ludwigstraße standen Gemüsegärten und ungefähr in deren jetziger Mitte, dem sog. Schönfeld, lag der Klebergarten, ein vielbesuchter Ausflugsort der kurfürstlichen Residenzstädtler. Außerhalb des mit der prächtigen Quadriga gekrönten Siegestores, durch welches die Ideen des großen Königs Ludwig I. beredten Ausdruck fanden, dehnte sich die von einer Pappelallee flankierte einförmige Landstraße aus. Einzelne Landhäuser abgerechnet, konnten die Blicke ungehindert über Felder und Wiesen schweifen. Die Ingolstädterstraße zweigt beim großen Wirt links ab und führt am Ludwigs=, früher Kaffelbade vorüber. Außerhalb des Bades wendet sich dem Kanal entlang ein Feldweg, welcher in westlicher Richtung zur Georgenschwaige führt. Hier befand sich schon seit urdenklichen Zeiten eine Mühle mit Wirtschaft und Bad. An dem dort aufgeworfenen Graben erkennt man die Spuren des großen Projektes Max Emanuels, das Wasser der Würm mittels eines Kanales nach München zu leiten. Der Türkengraben, jetzt Kurfürstenstraße, weil das vornehmer klingt, hatte bekanntlich seinen Namen von den bei diesem Kanalbau beschäftigten gefangenen Türken erhalten. Die Nachwelt wäre dem kriegerischen Fürsten für die Verwirklichung dieses Projektes sehr dankbar gewesen. Von den armen Türken, denen es nicht zum besten ging und vor denen sich die damaligen Münchener anfänglich ängstlich bekreuzten, kehrten die wenigsten in ihre ferne Heimat zurück. Viele wurden nach ihrer Freilassung in den kurfürstlichen Fabriken der Au untergebracht und nicht wenige haben sich sogar verheiratet, es steckt sohin in der Rasse unserer alten Auer Herbergler so mancher Tropfen Türkenblut. Von der Georgenschwaige ist nicht weit nach Milbertshofen, dessen Besuch das alte Kirchlein lohnt, in welchem der hochinteressante Grabstein des einst reich begüterten Andreas Keferloher und seiner Hausfrau Apollonia zu sehen

Grabstein des Andras Keferloher in Milbertshofen.

ist. Die Darstellung der Pferde des vierspännigen Pfluges und die Figur des pflügenden Bauern sind bedeutsam für Kunst- und Kulturgeschichte und deuten auf ein hohes Alter. Der Weiler Keferlohe bei Haar steht in Beziehung zu dem hier Bestatteten. Der Stein befand sich vordem am Eingange der Kirche. Das Sakramentshäuschen und der gotische St. Georgsaltar aus dem Anfang des 16. Jahrhunderts ist gleichfalls beachtenswert. Das Kirchlein wurde vom Abte Leonard von Schäftlarn erbaut. Dieses Kloster hatte in der Umgebung von München viele Besitzungen. Durch das verkrachte Terrain-Spekulationsgebiet Milbertshofen-Riesenfeld, auf welchem jetzt vorerst wieder fleißig geackert wird, und welches dem Würmkanal entlang freundliche Bilder darbietet, gelangen wir an Kolonistenansiedelungen verschiedener Art vorüber in die Schleißheimer- und Maßmannstraße. Hier befindet sich der letzte Rest eines Wäldchens, welches den sog. Kugelfang auf Oberwiesenfeld begrenzte. Der Sprachforscher Professor Maßmann, dessen Wirken auf das Jahr 1826 zurückfällt, war ein Zeitgenosse des Turnvaters Jahn und hatte sich um die turnerischen Bestrebungen Münchens große Verdienste erworben. Er organisierte die Burschenschaften und war der Leiter der Kgl. Turnanstalt auf Oberwiesenfeld, welche noch heute ihr Heim an der alten Stelle, wenn auch in eingeschränktem Maße besitzt. Unweit der Turnschule am Maßmannplatze steht eine Pyramide, welche besagt, daß in vordenklicher Zeit in der Nähe das Rinnsal der Isar war, deren einstiger Lauf, oder besser gesagt ein Arm derselben, von der Theresienhöhe und der Höhe des Marsfeldes begrenzt war. In der Nähe Oberwiesenfelds auf einer Anhöhe befand sich ein beliebter Ausflugspunkt der Altmünchener, der Kulturgarten und das Mustergut des Herrn von Schwaigerer.

V.
Neuhausen — Nymphenburg — Hirschgarten — Laim.

Wer vom Karlstor dem Bahnhofe zueilt, denkt wohl nicht daran, daß noch im Jahre 1864 an Stelle des großen Mittelbaues zwischen Bayer- und Schützenstraße Getreide gedroschen wurde, daneben war der alte Poststall, in dessen offenem Hof ein großer Misthaufen paradierte. Auf dem

Areal der Mathäserbierhallen stand der stille Buttlerkeller, weiter draußen an der Senefelderstraße der grüne Hof mit der Turnschule und später das Thaliatheater; weiter westlich befand sich die Behausung weiland Xaver Krenkl's, des bekannten urwüchsigen und schlagfertigen Münchener Lohnkutschermeisters. Die alte Schießstätte, von mächtigen Baumgruppen umgeben, nahm den Raum des Hauptbahnhofes ein, an ihre einstige Existenz soll uns die Schützenstraße erinnern. Die Bretterbude des ersten Bahnhofes München-Augsburg lag in der Nähe des Hackerkellers.

Wenden wir uns nun der Arnulf-, früher Salzstraße zu, in welcher die aller Hygiene spottende Salzstadelkaserne stand; es war dieses eine der trostlosesten Straßen Münchens. An Stelle des einstigen Maffeiangers erhebt sich jetzt der stolze Bau des Verkehrsministeriums. Weiter gegen das Marsfeld zu befand sich links der Kandlerkeller und rechts steht noch heute der vielbesuchte schöne Augustinerkeller. Unweit davon stand die öffentliche Richtstätte. Gegen Ende der sechziger Jahre des vorigen Jahrhunderts fand hier die letzte öffentliche Hinrichtung statt. Um nach Neuhausen zu gelangen, das ja ununterbrochen mit der Stadt zusammenhängt, lassen sich verschiedene Straßenzüge einschlagen. Wir gewahren als Stundensäule eine alte Steinbank mit einer Pyramide an der äußeren Nymphenburgerstraße; sie erinnert uns an jene Zeit, zu welcher die schattige Allee noch durch wogende Saatfelder sich hinzog. Das kurfürstliche Jagdschlößchen aus den Zeiten der Parforcejagden mit seinen Hundeställen liegt in Mitte moderner Bauten verödet und verlassen am Eingange der Winthirstraße, welche durch das eigentliche alte Neuhausen führt. Einige Bauten aus früheren Zeiten haben sich noch hier erhalten. In der einstigen Dorfkirche liegt der selige Winthir begraben, welcher um das Jahr 800 aus England hierher kam, das Christentum predigte und dem Landvolke das Ackern lehrte, außerdem befinden sich in dieser Kirche wertvolle alte Relieftafeln. Im alten Kirchhofe ruhen der berühmte Erzgießer Stiglmaier und Abbé Sambuga, der Erzieher König Ludwigs I. Umgehen wir den Nymphenburger Kessel und berühren wir das freundliche Gern, von welchem ein idyllischer Weg den Kanal entlang an kleinen Ansiedelungen vorüber nach dem Kgl. Lustschlosse N y m p h e n b u r g führt.

Es gehört wohl zu den auserlesensten Genüssen, an heiteren Sommer- oder Herbstabenden den prächtigen Park des Schlosses zu durchstreifen. Bei dessen Rundgang wenden wir uns zunächst der rechts gelegenen Magdalenenkapelle zu, einer von Max Emanuel begonnenen und von Karl Albrecht vollendeten Eremitage. Von hier führen lauschige Wege zum kleinen See und zur Pagodenburg: Von einer kleinen Anhöhe am Ende des Parkes bietet sich ein Blick auf Blutenburg und in die freie Landschaft. An den Kaskaden und am Prinzenbade vorüber gelangen wir auf die linke Seite des Parkes zum großen See und zur schönen Badenburg. Weiter wandelnd, erreichen wir die in einem Föhrenhaine stehende, im vollendeten Rokoko reich ausgestattete Amalienburg. Um dieses Schlößchen befand sich zu Anfang von dessen Erbauung eine Fasanerie, und die Kurfürstin Amalie pflegte gerne von der Galerie des Schlößchens herab auf die aufgejagten Fasanen zu schießen. Nicht weit davon gegen das Hauptschloß war früher ein kleiner Tiergarten und ein Bieberbehältnis. An den linken Schloßflügel schmiegt sich das Kabinettsgärtchen unmittelbar unter den Fenstern des von König Max I. bewohnten Traktes an. In einem dieser Gemächer starb Max I. am 13. Oktober 1825, während sein Urenkel König Ludwig II. 1845 hier das Licht der Welt erblickte. —

Die Gründung des Schlosses fällt in das Jahr 1663 und wurde durch den Kurfürsten Ferdinand Maria vollzogen. Seine Gemahlin, die ebenso schöne als geistreiche Adelheid von Savoyen, eine warmblütige Südländerin, hatte Bedürfnis nach einem glänzenden Hofleben, welches sie an der Seite ihres etwas zum Phlegma geneigten Ferdinand nur zu lange vermißte, und so entstand an Stelle der stillen Schwaigen Ober- und Unterkemnat das prächtige Nymphenburg unter Barellis Leitung. Den Mittelbau vollendete Max Emanuel im Renaissancestil, während die eingebauten Flügel im italienischen Barock von Karl Albert erbaut wurden. Im Jahre 1741 fand in Nymphenburg der berüchtigte Allianzvertrag zwischen Bayern, Frankreich und Spanien statt, der für unser Vaterland keine guten Folgen zeitigte. Im Jahre 1800 hatte der französische General Moreau hier sein Hauptquartier und 1806 fanden glänzende Feste zu Ehren Napoleons I. statt. Ehe wir von Nymphenburg Abschied

Hirschgarten.

nehmen, ist noch eines Mannes zu gedenken, welcher das erste Modell eines durch Dampf getriebenen kleinen Eisenbahnzuges herstellte; es ist dieses der ingeniöse Fr. X. v. Baader, welcher im Vereine mit Höß die neuen hydraulischen Druckwerke des Schlosses baute. Ein Besuch der neuerdings wieder zu hohem Ansehen gelangten Porzellanfabrik bietet großes Interesse. Die Herstellung der Formen von der einfachen Kaffeetasse bis zum kostbaren Tafelaufsatz, der Prozeß des Brennens und die Tätigkeit in den Werkstätten der Künstler im Malen und Modellieren lohnt reichlich den Besuch. —

Welche Anziehungskraft der Volksgarten ausübt, ist bekannt; auch das einstige Absteigequartier der italienischen Gondoliere, von welchen sich der Name Kontrolor ableitet, ist eines Besuches wert. —

Von der Südseite des Schlosses gelangen wir durch die Hirschgartenallee zu dem von Karl Theodor 1780 angelegten Hirschgarten, einer friedlichen Oase in Mitte der schon sehr unruhig werdenden nächsten Umgebung. Die alte Parktüre knarrt noch wie vor 50 Jahren und an den zutraulichen Damhirschen können die Stadtkinder praktische Naturgeschichte studieren. Die hübsche Steinpyramide mit den Hirschaltern galt ehedem als ein vielbeachtetes naturwissenschaftliches Denkmal. Außerhalb des Hirschgartens, am Kurgarten, einer Schöpfung der Neuzeit, vorüber, führt uns der Weg nach der Bahnstation und dem Dorfe Laim, von welchem sich wohl nicht viel sagen läßt; so denken wohl viele, doch der Historiker Hugo Arnold erzählt uns darüber so mancherlei. Seinen Namen hat der Ort von der lehmreichen Bodenbeschaffenheit der Umgegend. Einer Urkunde nach hatte die unglückliche Agnes Bernauer hier ein Besitztum. Das in einem ehemals sehr schönen Parke gelegene Schloß war lange Zeit Eigentum der berüchtigten Gräfin Elisabeth von Betschart-Chamisso, der ehemaligen Favoritin des Kurfürsten Karl Theodor. Ihr zwangsweise angeheirateter Gemahl Freiherr von Betschart wurde vom Kurfürsten zum Staatsminister ernannt, welcher Stelle er aber 1788 wegen eines Verbrechens im Amte enthoben ward. Das Kirchlein von Laim, in Mitte einer störenden Umgebung, ist St. Ulrich geweiht und bietet für den Kunsthistoriker hohes Interesse durch die Mensa seiner Altäre, welche ihrer Bauart nach der vorkarolingischen Zeit angehören. Die Apsis der Kirche besitzt ein schönes altgotisches Kreuzgewölbe und die Georgsstatue auf dem Altar der Epistelseite ist eine vorzügliche Arbeit des 15. Jahrhunderts.

VI.
Sendling — Neuhofen — Thalkirchen — Siebenbrunn — Birkenleiten.

Vor dem Sendlingertore konnte man noch zu Ende der siebziger Jahre des vorigen Jahrhunderts im gewissen Sinne schon das Landleben genießen. Die Stadtmauer reichte bis zum Angertor, unten im Stadtgraben blühten und dufteten die Rosen und am Steilrande des grünen Wiesenhanges befand sich eine kleine Wirtschaft mit einem Mansardendache, der Blumengarten genannt. Dort standen neben der Kegelbahn die Tische und Bänke auf dem Rasen und dort konnte man schöne Sommerabende verbringen. Stand nun gar der Mond am Himmel und grüßte das Faustürmlein gespenstig herüber, so war dies ein Bild von hohem poetischem Reiz. Doch wir wollen wandern, vorüber am Taubenwirt, dem nunmehrigen Ringhotel, dort hielten die Wolfratshauser und Starnberger Stellwagen, — die Sendlinger Landstraße und heutige Lindwurmstraße hinaus. Außerhalb des Krankenhauses standen nur mehr einige Häuschen, Scheunen und Nutzgärten, man wandelte an grünen Fluren vorbei und fühlte sich froh und frei. Vorüber am alten Sendlinger Kirchlein mit seiner tieftraurigen Erinnerung an die Schreckens-Christnacht von 1705 und die Plinganser Straße entlang bis Neuhofen, woselbst einst das Schlößchen des Grafen Zech gestanden ist. Im Verlaufe unserer Wanderung gelangen wir zur alten Gaststätte Grafeneiche. Auf dieser Strecke wurden vor Jahren zahlreiche Gräberfunde aus der Zeit der Völkerwanderung bloßgelegt. Nun beginnen die Isarufer sich langsam zu nähern, wir folgen einem Weg in das Tal abwärts nach dem aufstrebenden Thalkirchen mit seiner charakteristischen Kirche, die mit ihrem verunglückten Anhängsel uns anmutet wie eine Oberlandlerin in der Krinoline. Unter dem Chore dieser Kirche befindet sich eine bemerkenswerte Votivtafel, welche die Gründung der Wallfahrt 1372 darstellt. Der Frauendreißiger und die Bratwürste des Großwirts zur Ablaßzeit in Thalkirchen erfreuen sich bis zum heutigen Tage großer Beliebtheit. Eine kleine Viertelstunde isaraufwärts liegt Maria Einsiedel, das ehemalige Asamschlößchen; es wurde gegründet und bewohnt von den Erbauern der Münchener Johanneskirche und war später der Sommersitz einer bischöflichen Exzellenz. An heißen Sommertagen bietet sich in allernächster Nähe die Gelegenheit eines erfrischenden Isarbades. — Oben auf der Anhöhe befindet sich dicht an der Straße eine Aussichtsbank mit prächtigem Blick auf das sich hier erschließende Isartal und auf das Gebirge. Die Verengung des Tales und die Bewaldung der Hänge beleben den Charakter des Landschaftsbildes. —

Wir kehren zurück zur neuen Thalkirchner Brücke, durchqueren die Auen und wenden uns zu dem einstigen Edelsitz Siebenbrunn, nunmehr eine offene Gaststätte. Der projektierte neue zoologische Garten wird das Bild dieser stillen Landschaft gründlich ändern. Von Siebenbrunn schlängelt sich ein anmutiger Wiesenpfad dem Mühlbache entlang an der Kremerschen Kunstmühle vorüber, welche vorzüglich in die Stimmung des Ganzen paßt. Nun folgt Birkenleiten, ebenfalls ein alter Edelsitz, nach welchem wir Unter-Giesing erreichen, dessen durcheinander gebaute malerische und ländliche Anwesen und Herbergen, vielfach noch in Holz ausgeführt, das Entzücken aller Künstler wachrufen. Die alten Besitzungen Pilgersheim, Falkenau und Lohe sind nicht mehr.

VI.
Giesing — Fasanengarten — Stadelheim.

Ein dankbarer Abstecher von Giesing führt uns vorüber an dem alten Gasthause zum letzten Pfennig die Tegernseer Landstraße entlang, den vielbesuchten Volksplatz Burg Fichteneck links lassend, zur Sojerhofstraße und zum Harlachinger Mühlweg, an welchem eine einsam gelegene Gaststätte mit der modernen Bezeichnung Restaurant Neu-Griechenland liegt. Ob Paris, der Trojanerprinz, sich hier seine Helena suchen würde, ist fraglich. Von dieser helenischen Idylle erreicht man in 10 Minuten das Waldhaus am Eingang des Deisenhofer Forstes. Innerhalb des Parkes links ab gelangt man in einer halben Stunde auf schönem Waldweg zum Parkausgang, überschreitet die Tegernseer Landstraße und erreicht in einer weiteren Viertelstunde die Fasanerie Perlach, ein frohes Jägerheim, das zu den Zeiten vor Bahnanschluß sich eines intimen Reizes erfreute. Vom Fasanengarten führt eine breite Straße zum Ökonomiegut Stadelheim mit Wirtschaft und Garten nebst Ausblick auf das unweit gelegene Staatsgefängnis, von welchem eine Straße zum Warthof und zur Tegernseer Landstraße zurückführt.

VII.
Isarauen — Menterschwaige — Harlaching
Obergiesing — Au.

Der Weg von der Reichenbachbrücke durch die Isarauen bis zu den Überfällen wurde von der Stadtgemeinde im Jahre 1837 hergestellt. Wir sind uns kaum bewußt, welch köstlichen Schatz wir in diesen Anlagen besitzen. Anfänglich führten nur wenige Pfade durch die Wildnis, welche der regellose Flußlauf geschaffen, eine Fundstätte für Botaniker und Entomologen. Seltene Arten von Orchideen und der schöne Weidenbock waren hier heimisch und in den zahlreichen Altwassern tummelte sich allerhand feucht-fröhliches Getier umher. Später, als sich München allmählich anschickte, Großstadt zu werden, trieben sich vielfach fragwürdige Elemente in den

Auen herum, so daß es angezeigt erschien, die Wildnis besser auszuroden, so schmerzlich dieses die Naturfreunde auch empfanden. Bietet schon die Auenrestauration zum Flaucher einen angenehmen Aufenthalt, so erhöht sich der landschaftliche Genuß an dem Endpunkt der Anlagen, der Marienklause. Dieser trauliche Winkel verdankt seine Entstehung einem Gelöbnis des durch Hochwassergefahr einstmals bedrohten Wasseraufsehers, dessen Häuschen bereits durch die wogenden Fluten dem Einsturz nahe war.

Der neu angelegte Weg isaraufwärts auf halber Höhe des Hanges führt uns zur vielbesuchten Menterschwaige hinan, welche früher Notherschwaige und ursprünglich Harthausen hieß. Hier weilte Ludwig I. oft im Kreise Münchener Künstler. Auf angenehmem Fußweg, die aussichtsreiche Höhe entlang, wandern wir zurück nach Harlaching. Hier stand vordem ein Jagdschloß mit prächtigem Park von Karl Albrecht. Dem berühmten Landschaftsmaler Claude Lorrain, welcher sich in Harlaching gerne aufhielt, setzte König Ludwig I. ein Denkmal neben dem einfachen Kirchlein, das sich während der Ablaßzeit, gleich dem schattigen Wirtsgarten, eines regen Besuches erfreut. —

Die Harlachingerstraße führt uns zurück nach Ober= Giesing. Diese Höhenpromenade ist gegen Sonnenuntergang von besonderer Schönheit. Der gefärbte Abendhimmel und das vom Mühlbach durchschlängelte Wiesental, hinter welchem sich die Silhouetten der hochragenden Bauwerke und Türme Münchens hervorheben, hinterläßt einen bleibenden Eindruck. Die Bergstraße in Giesing führt uns an dem einstigen Dichterheim Hermann Schmids vorüber. Die Beschreibung von Gaststätten entspricht nicht dem Zweck dieser Aufzeichnungen, doch können wir Giesing nicht verlassen, ohne des alten Weinbauernanwesens zu gedenken, welches noch heute in schlichter traditioneller Einfachheit seine alte Anziehungskraft bewahrt hat und bewähren wird, solange man es nicht zu modernisieren sucht. Von der weitausschauenden Pfarrkirche in Giesing führt uns der Höhenweg über den Bahnübergang zur Hochstraße. Das Häusermeer der Stadt breitet sich vor uns aus gleich einem Labyrinth von Bauwerken ohne Ende. Der alte Nothergarten ist ein Opfer der Bergregulierung geworden. Der Salvatorkeller steht ver=

chönert, einer modernen Trutzburg gleich, als Grenzfestung des Auer Gebietes vor uns. An Stelle des Amtsgerichtes stand das altehrwürdige Paulanerkloster. Diesem reihte sich das herzogliche Schloß Neudeck und der Preisinggarten an, eine vielbesuchte Erholungsstätte vergangener Tage. Die beiden Klöster Lilienberg und Liliental, von deren schöner Lage der Chronist erzählt, sind ebenfalls verschwunden. An Stelle des letzteren erhebt sich jetzt das Kloster der armen Schulschwestern. Unter den alten Wohnstätten, die in malerischer Unordnung an den Berg gebaut sind und diesem sich anfügen, hat sich manche aus der Zeit Max Emanuels erhalten, zu welcher Zeit die ersten Fabrikbetriebe unter Benutzung der Wasserkräfte des Auer Mühlbaches entstanden sind. Quellenstraße, Paulanerplatz und Lilienberg sind die Fundstätten jener alten Quartiere, über die uns Dr. Karl Trautmann so manches zu erzählen weiß. Der steinerne Bär an dem Abstieg der Gebsattelstraße verdient dereinst ein Wahrzeichen der Au zu werden. Im Verlauf der Hochstraße gelangen wir am Franziskanerkeller vorüber, in dessen zu ebener Erde gelegenem behaglichen Eckzimmer Minister Riedel seine vergnügtesten Stunden, wie er selbst sagte, verbracht hat. Ein Bild von großem Kunstwert von Gebhart, die Klosterbrüder beim Vespertrunk, ziert das Ministerzimmer. Den Schluß unseres Rundganges und das Ende der aussichtsreichen Hochstraße bildet die Erinnerung an den einstmals vielbesuchten Stubenvollkeller. Der letzte Pächter, Vater Siegel, war auf das leibliche Wohl seiner Stammgäste sehr bedacht, nur bezüglich des Komforts hatte er seine eigenen Ansichten. Heute wird auf den Kellern außer dem Bier auch politische Weisheit aus- und inländischer Kapazitäten verzapft.

Somit sind wir wieder auf der Höhe des Gasteigberges, dem Ausgangspunkt unseres Rundganges, angelangt, haben für das Entschwundene pietätvolles Gedenken bekundet und zollen auch den Schöpfungen der Neuzeit, abgesehen von diesem oder jenem, unsere volle Anerkennung.

Wanderzüge im Umkreise Münchens.
2. Teil.

VIII.
Dachau — Indersdorf — Heimhausen — Schleißheim.

Manchem sind sie fremd, die nordwärts gelegenen Gefilde unserer Metropole. Als Radler wollen wir sie einmal näher besehen auf einer Tagestour über Dachau nach Indersdorf=Maria Brunn=Heimhausen und Schleißheim. Fernab der großen Landstraße wählen wir den kurzweiligeren Weg über Nymphenburg, durch das Wäldchen nach Menzing und Allach, eine freundliche Strecke am Würmflüßchen entlang. Kaum haben wir Allach mit seinen sauberen Häuschen im Rücken, so taucht zwischen hohen Baumkronen halb versteckt ein modernes Ritterschloß, die Ausgeburt der Phantasie eines Großgrundbesitzers, vor unseren Augen auf. Das gut fahrbare Sträßchen läuft nun hart am Würmkanal entlang und mündet bei der Hochbrücke in Carlsfeld in die große Landstraße nach Dachau ein, das einen freundlichen Anblick darbietet. Die Reste des alten Schlosses, an dessen Stelle im 9. Jahrhundert die einstige Burg der Grafen von Scheyern stand, überragen den gewerbsamen Markt. Im Jahre 1426 wurden hier die Hussiten von den vereinigten bayerischen Herzogen geschlagen und im dreißigjährigen Kriege brandschatzten die Schweden den Markt und zerstörten die Burg; auch von den österreichischen Truppen hatten die Bürger 1796 viel zu erdulden. Von den früheren bayerischen Herzogen weilte hier gerne und oft Karl Theodor und die freundliche Frau Burgpflegerin verstand es vortrefflich, des Herzogs Leibgericht, „Hollerstrauben", zu backen und auch sonst noch gar manchen Leckerbissen für des Herzogs Gaumen zu bereiten. Dachau und sein schöner Hofgarten wird jetzt viel besucht.

Weiter geht nun der Weg hinab durch die alte Marktstraße nach dem 15 Kilometer entfernten Indersdorf. Im Gegensatz zu dem von weitem Horizont begrenzten Landschaftsbilde der Moosflächen fahren wir jetzt auf sanft welligem Terrain an wogenden Getreidefeldern und vereinzelten Waldpartien vorüber. Nach einer Stunde Fahrzeit erblicken wir die Türme des stattlichen Klosters, das zwischen Baumgruppen gelegen ist. Ein fischreiches Flüßchen, die Glonn, trennt das Kloster von dem Markt gleichen Namens. Dieses altehrwürdige Stift gründete Otto IV. von Wittelsbach. In der Kirche findet der Kunstfreund interessante Freskomalereien und manch schönes Schnitzwerk vor, nicht zu vergessen der zwar nicht ganz glücklich restaurierten, aber trotzdem sehr beachtenswerten Krypta mit Grabmälern und Denksteinen aus dem 13. bis 17. Jahrhundert. Jetzt leitet ein weiblicher Orden eine Erziehungsanstalt für minderbemittelte Kinder und eine große Schar rotwangiger Knaben und Mädchen bevölkert die weiten Räume des Baues. In den umliegenden kleinen Ortschaften mit ihren oft bescheidenen stroh- und moosbedeckten Bauernhäuschen entdeckt man noch ab und zu die letzten Reste der weltberühmten Dachauer Tracht.

In beschleunigtem Tempo sausen wir dahin auf guter Straße über Röhrmoos nach dem Badeorte Maria-Brunn, die Stätte des langjährigen Wirkens der ehemals so viel genannten „Doktorbäuerin" Amalie Hohenester, das einstige Wörishofen. Dort war es der Kräutertrank und das heilwirkende Bad, von dem sich die Kranken Rettung von ihrem Siechtum erhofften. — Die idyllische Lage dieses anmutigen, vom Walde umsäumten Plätzchens wirkt köstlich auf die Nerven. Einige hundert Schritte von der Kapelle südwärts bietet sich dem Auge eine entzückende Fernsicht dar. Wir sehen die Frauentürme und im Hintergrunde die ganze Alpenkette vom Säntis bis zum Dachsteingebiet. In schweigender Ruhe liegt die Münchener Hochebene vor uns, ein Bild von gewaltiger Ausdehnung.

Die Aussicht läßt uns ungern scheiden; wir schieben unser Stahlrößlein hinab den Fußsteig entlang nach Ampermoching und radeln auf dem Strächen der Amper entlang, der Mittagstation Heimhausen entgegen. Der landschaftliche Charakter dieser Strecke ist von poetischem Reiz; sie wird

Schleißheim.

von Malern vielfach aufgesucht. In 6$^1/_2$ Kilometer ist das
große freundliche Pfarrdorf H e i m h a u s e n erreicht. Mächtige
Eichen flankieren den ausgedehnten prächtigen Park des ehemals gräflich Buttlerschen Schlosses. An dem Biergarten „zur
Klause" führt die Straße vorüber in den Ort. Die Kirche
mit ihrem hellglänzenden Kuppelturme — einst ein schöner
gotischer Bau — enthält nach ihrer Umgestaltung wenig Be-
merkenswertes. Nur an der Außenseite des Chors nehmen
die Grabsteine einiger würdiger Pfarrherren, teils mit wallen-
dem Barte, unser Interesse in Anspruch; sie stammen aus
der Zeit des dreißigjährigen Krieges. Nach dem Mittags-
tisch in dem behaglichen Gasthause und gründlicher Rast setzen
wir nachmittags unsere Fahrt wieder fort über den bewaldeten
Bergeinschnitt bei M a i s t e i g hinab in das Moos, eine kurzweilige und dankbare Strecke bis L o h h o f. U n t e r - und
O b e r s c h l e i ß h e i m, welches wir in weiteren 7 Kilometern
erreicht haben, versetzt uns wieder auf historisches Gebiet aus

der Zeit der bayerischen Herzöge und Kurfürsten des 17. und 18. Jahrhunderts. Herzog Wilhelm V., der Begründer und Erbauer des alten Schleißheimer Schlosses, legte in diesem Terrain viele Eremitagen an und verbrachte hier den Rest seiner Tage mit einer Mönchskutte angetan in abgeschiedener Einsamkeit. Sein Sohn Maximilian und Enkel Ferdinand Maria erbauten das neue Schloß mit großer Pracht im italienischen Stile. Auf den Jagdgefilden von Schleißheim gefiel sich die Kurfürstin Maria Antonia, die Gemahlin Max Emanuels in grüner Männerkleidung mit weißer Perücke und dem Dreispitz an den Hetz- und Parforcejagden teizunehmen. Jetzt ist das Hallali verklungen und das glänzende Hoflager ist längst verschwunden. Der weite melancholisch stimmende Park ist verödet und gewährt mit dem darin befindlichen Schlößchen Lustheim der Phantasie den weitesten Spielraum zu Träumereien über die Vergangenheit.

Noch ehe die Schatten länger werden, fahren wir heimwärts durch die prächtige Lindenallee, nicht ohne der auf der rechten Seite der Landstraße gelegenen kleinen Ansiedelung H o c h m u t h i n g ein kurzes Gedenken zu weihen. Die kleine Kapelle ist ältesten Ursprungs und soll hier schon zu Herzog Thassilos Zeiten urkundlich eine Niederlassung bestanden haben. Als letzte denkwürdige Stätte vor München passieren wir die ehemalige sog. „kalte Herberge". Ein Landgut mit Wirtschaftsbetrieb, über welches ehedem viele gruselige Geschichten im Umlaufe sich befanden, nunmehr ladet ein freundlicher Wirtschaftsgarten die vorübereilenden Radler zum Besuche ein.

Nach einer halben Stunde befinden wir uns wieder im Bannkreise unseres Ausgangspunktes mit dem Bewußtsein, den vollbrachten Tag nicht zu den verlorenen zählen zu müssen.

* * *

Eine lohnende F u ß w a n d e r u n g in das im vorstehenden behandelte Gebiet dürfte sich in folgender Ausführung empfehlen: Man fährt zeitig frühmorgens mit der Bahn nach D a c h a u und schlägt dann die Richtung rechts der Amper ein. Der Weg geht unter der Bahnbrücke hindurch und zieht in anmutigen Windungen dem Flusse entlang durch die malerischen, stark bewaldeten Amperauen, bis in $1^1/_2$

Stunden Ampermoching erreicht ist. Nun über die Brücke durch das Dorf nach Maria Brunn hinauf. Von Maria Brunn auf Feldwegen über Lotzbach nach Heimhausen (1 Stunde); hier Mittagsrast. Nachmittags über das schön gelegene Maisteig nach Lohhof und Bergl bei Schleiß= heim (2 Stunden auf der Straße). Es kann auch bei trockenem Wetter ein kürzerer Fußweg von Heimhausen über das Moos eingeschlagen werden. Es empfiehlt sich hier, die Richtung nach Unterschleißheim direkt zu wählen; von Schleiß= heim fährt man am besten mit der Bahn nachhause. Wer noch Lust hat, ein Stündchen zu marschieren, der möge die Milbertshofenerstraße einschlagen und der Fasanerie Schleißheim, nach welcher rechts ein bezeichneter Weg durch Eichenwald führt, einen Besuch abstatten. Es ist dies ein stilles poetisches Plätzchen, ein Forsthaus ganz nach dem Geschmacke für Menschen, welche die Einsamkeit suchen. Von der Fasanerie erreicht man Feldmoching in einer kleinen halben Stunde; von hier mag man die Heimfahrt antreten.

IX.
Anzing — Burgrain — Isen — Schwaben.

Im Osten der Stadt, auf den Terrains Feldkirchen, Anzing, Hohenlinden, Burgrain, Isen und Schwaben scheint der allzu rasche Flügelschlag der Speku= lation auf der Strecke nach Zamdorf etwas erlahmt zu sein — noch behauptet sich bis auf weiteres die trillernde Lerche hoch in den Lüften als Herrin der Situation. Bald bekommen wir Riem, vor 25 Jahren das Eldorado der Münchener „Spießhendeln"=Enthusiasten, in Sicht, doch die billigen Hendeln gehören heute nur mehr der Legende an und haben sich einer zeitgemäßen Werteinschätzung zu erfreuen. Damals wußte man weder in München, geschweige denn in Riem noch etwas von einem Totalisator, heute versteht sich selbst der biedere Landmann auf den Turf.

Auf guter Straße gelangen wir durch das freundliche, baumgeschmückte Dorf Feldkirchen über Parsdorf, an dem stattlichen Gasthause Neufahrn mit seinem schattigen Wirtsgarten vorüber, bergan auf luftige Höhe. Unwillkürlich rasten wir, um die Aussicht zu genießen. Südwärts glitzern die Fenster des Häusermeeres von München in der Morgen=

sonne. Nordöstlich liegt das langgestreckte, freundliche Dorf
Anzing und der ausgedehnte Forst gleichen Namens zu
unseren Füßen. Von Anzing, das wir in 22 Kilometern
ab München erreicht haben, durchfährt man das im Jahre
1894 so arg durch den Zyklon heimgesuchte Gebiet über
Schwaberwegen und Forstinning an einem armseligen Weiler
vorüber, der den stolzen Namen Salzburg trägt. Die
Ortstafel, die den wohlklingenden Namen verkündet, ist
krumm, wahrscheinlich von den vielen schlechten Radlerwitzen,
die hier beim Vorbeifahren verübt werden. In 12 Kilo‑
metern ist Hohenlinden erreicht, jener denkwürdige Ort,
in dessen Nähe anno 1800 das französische Heer unter General
Moreau die österreichischen Truppen schlug. Viel Denkwürdiges
aus jenen Tagen hat sich in der Gegend erhalten. Die Straße
zweigt nunmehr links ab und zieht sich aufwärts durch lang‑
ausgedehnte junge Eichenbestände. Bald befinden wir uns in
der Gemarkung der ehemaligen Grafschaft Burgrain.
Während die Gegend bis Hohenlinden in Bezug auf land‑
schaftliche Reize nur bescheidenen Ansprüchen genügt, wird
sie hier reizvoller. Das alte, zwischen hochstämmigen Bäumen
gelegene Schloß macht einen prächtigen Eindruck. Es dient
als Ökonomie und Wirtschaftsgebäude und ist jetzt Blinden‑
anstalt. Von den Fenstern der Gaststube sehen wir auf
eine anmutige, von einem Forellenbächlein durchschlängelte
Talmulde. Ein gut erhaltener, teilweise eingemauerter
Römerturm gibt Kunde von einer Abzweigung der Römer‑
straße, die einstmals hier vorüberführte, ihre Spuren sind
in der Gegend allenthalben gut erkennbar. Im Burg‑
hofe des einstigen Witwensitzes der Kaiserin Kunigunde, die
urkundlich 1012 hier weilte, sind jetzt dort, wo sich früher
die Behausungen der Knappen und des Gesindes befanden,
Schweineställe untergebracht. Das ist der Wandel der Zeiten.
Später gelangte der stattliche Besitz in die Hände des Bis‑
tums Freising. Unter dem Krummstab gedieh die Herrschaft
zur vollen materiellen Blüte. Ein Blick nach Norden zeigt
uns prächtigen Buchenwald und im Hintergrund den freund‑
lichen Markt Isen, der in mittelalterlicher Zeit unter der
Botmäßigkeit der Grafschaft Burgrain stand. Isen, das bald
erreicht ist, besitzt eine sehr sehenswerte Kirche mit romanischem
Vorbau, reichem altfigürlichem Schmuck und interessanten

Grabsteinen. Es bestand hier bereits im 10. Jahrhundert ein Konvikt. Einen schönen Überblick über das Tal genießt man vom nahen Wallfahrtskirchlein, dort haben wir auch Gelegenheit, ein originelles Kunstwerk des Bildhauers Heilmaier zu bewundern, dessen Name in München bekannt und der ein geborener Isener ist. Die Rückfahrt nach dem fünf Kilometer entfernten Buch bietet schöne Bilder und kühlen Waldesschatten.

In weiteren 10 Kilometern durch flaches Gelände an freundlichen Örtchen vorüber wird S c h w a b e n erreicht. Der kernbayerische Markt hat indes mit dem Schwabenlande nichts gemein. Das auf einer Anhöhe liegende Schloß wurde 1650 in geldarmer Zeit von Maria Anna, der Gemahlin Kurfürst Maximilian I., erbaut. Durstige Seelen mögen sich hier erlaben, denn an Gast= und Brauhäusern herrscht kein Mangel. Von Schwaben führt die Straße in 13 Kilometern über Plining nach A s c h h e i m, letzter Ort ist insofern bemerkenswert, als hier schon im 8. Jahrhundert eine Villa der bayerischen Herzöge bestand und Thassilo II. daselbst 764 einen Landtag einberief. Ein Denkstein in der Kirche bekundet, daß in Aschheim der Leichnam des hl. Emeran, der in Helfendorf als Verbreiter der christlichen Glaubenslehre den Märtyrertod erlitt, 40 Tage lang gelegen war, bis er weiter isar= abwärts und später nach Regensburg verbracht wurde.

Nach weiteren 12 Kilometern gelangen wir wieder nach unserem Ausgangspunkt über Riem nach München zurück. Eine Fußwanderung in dieses Gebiet lohnt sich nur mit Benützung großer Bahnstrecken; in dieser Beziehung ist auf das wärmste zu raten, das mittelalterlich denkwürdige Haag und landschaftliche Gars mit in Betracht zu ziehen.

X.
Kirchseeon — Wildenholzen — Zinneberg — Eglharting.

Zur praktischen Ausführung dieser Tour fahren wir mit dem frühesten Morgenzuge nach K i r c h s e e o n, dem Ausgangspunkte unserer Tour.

Nach einstündiger angenehmer Wanderung, größtenteils durch Wald, über F ü r m o s e n und B e r g h o f e n erreichen wir, aus einer Waldlichtung tretend, Ort und Schlößchen

Schloß Zinneberg.

Falkenberg. Überrascht bewundern wir das sich unvermittelt darbietende Panorama. Ein liebliches Tal mit saftgrünen Wiesen und klappernden Mühlen, überragt von den duftigen Konturen der Alpenkette. Unweit eines großen Feldkreuzes verlassen wir links das Sträßchen und folgen einem Fußweg, der uns an zwei Bauernhöfen vorüber und dann über die Moosach wieder aufwärts führt durch prächtigen Hochwald. Ein flüchtiges Reh springt über den Weg, sonst atmet alles feierliche Stille und Frieden in der Natur. Wir sind jetzt so weit von der Hauptstadt entfernt, daß wir den schönen Wald genießen können, ohne durch Bierflaschenscherben und Papierreste aus unseren Träumen gerissen zu werden. In einem halben Stündchen ist Wildenholzen erreicht. Dieses liebliche Fleckchen Erde ist voll Anmut und Schönheit. Inmitten des engumschlossenen Tales erhebt sich ein Hügel mit einer Kapelle und den Resten einer Burgruine gekrönt. Ein Denkstein besagt uns, daß hier dereinst das Rittergeschlecht der Pinzenauer gehaust hat. Die Straße zieht sich nun durch eine Schlucht an dem origenellen Bierkeller „zum Dachsloch" vorüber aufwärts nach dem eine weitere halbe Stunde entfernten Schlosse Zinneberg.

Bei einer idyllisch gelegenen Waldkapelle betreten wir die Gemarkung des Schlosses. Auf jedermann zugänglichen wohlgepflegten Anlagen an einem kleinen See vorüber zieht sich der fein bekieste Pfad zum großen Wirtschaftsgebäude. Der von mächtigen Eschen überschattete Wirtsgarten entringt uns das unwillkürliche Geständnis: „hier ist gut sein", denn es ist Mittagszeit, und wir können mit der Verpflegung vollauf zufrieden sein. Der unweit befindliche Haupttrakt des Schlosses, das ursprünglich von den Pinzenauern gegründet wurde und später an die Fugger überging, kam durch Kauf im Jahre 1804 an die mit einem Grafen Arco in zweiter Ehe lebende Kurfürstin Leopoldine, der nicht im besten Andenken stehenden Witwe Karl Theodors von Bayern.

Das Schloß, in seiner jetzigen Gestalt von Grund aus neu renoviert und glänzend ausgestattet, ist ein ideales Besitztum von wahrhaft königlicher Pracht und ist nunmehr in Privatbesitz. Das sehenswerte Mustergestüt für reinrassige Rennpferde in dem unweit gelegenen S o n n e n h a u s e n gehört nebst vielen anderweitigen Gütern dem Schloßherrn von Zinneberg, Baron Bifing. Wem es vergönnt ist, von den Riesenlinden der Terrassenpromenade des Parkes einen Blick hinabzuwerfen auf das schöne Landschaftsbild mit dem freundlichen G l o n n , wer die köstlichen Blumenarrangements gesehen und unter den Palmen Zinnebergs gewandelt hat, wird einen unvergeßlichen Eindruck mit sich fortnehmen. Ein schöner, wohlgepflegter, schattiger Waldweg führt dann hinab in das Tal und von dem Stationshäuschen der Haltestelle Zinneberg bringt uns ein Sträßchen hinüber nach dem eine Viertelstunde entfernten Dorf A d l i n g. Das Dörfchen in nördlicher Richtung durchschreitend, gelangen wir auf einem sehr hübschen Fußweg durch Feld und Wald an den melancholisch stillen S t e i n s e e. Es will Abend werden, eine etwas schwermütige Stimmung liegt in dem Charakter der Landschaft. — Von der Westseite des Sees führt uns ein lauschiger Waldpfad an dem Altenburger Kirchlein vorüber zur Straße, die an der mehr als tausendjährigen, vielfach zerklüfteten, aber immer noch grünenden M a x i m i l i a n s = E i c h e vorbeiführt nach dem eine halbe Stunde entfernten Dörfchen B u c h. In einer weiteren halben Stunde ist das Endziel unserer siebenstündigen Wanderung, die Station E g l h a r t i n g mit einer von vielen Münchnern gern besuchten Braustätte erreicht.

Haar — Keferlohe — Möschenfeld.

Auf der Heimfahrt müssen wir in Station Haar eines sehr dankbaren Ausfluges für einen halben Tag gedenken. Man wählt am besten den hübschen Waldweg nach Grasbrunn. Der Ort Keferlohe, der schon seit den Einfällen der Hunnen seines großen Pferdemarktes wegen bekannt ist, bleibt rechts liegen, man erreicht in $1^1/_2$ Stunden von Haar gerechnet die Einöde Möschenfeld, ein stattliches Ökonomiegut mit trefflicher Wirtschaft. Die Kirche, einstmals zum Jesuitenkloster Ebersberg gehörig, ist von kunsthistorischem Interesse wegen ihrer höchst originellen Malereien, der Darstellung des Martyriums der hl. Ottilie aus dem 15. Jahrhundert in der Art eines Holbein ausgeführt. Von Möschenfeld erreicht man in $3/_4$ Stunden auf angenehmem Waldweg die Station Vaterstetten und fährt in einer halben Stunde nach dem Ostbahnhof zurück.

Bei einer Radtour in dieses Gebiet fährt man ab München am besten über Trudering, Kirchseeon, Ebersberg und Grafing nach Zinneberg und Glonn, und wählt den Rückweg über Oberpframmern, Putzbrunn und Perlach zurück. Die Strecke, die etwa 75 km mißt, ist reich an schönen Ausblicken und Waldpartien.

XI.
Jsartal — Gleißental.

Es erscheint als ein vergebliches Beginnen, über diese Gebiete, welche alljährlich von Tausenden durchwandert werden, etwas Neues zutage zu fördern. Dennoch bieten sich für den Naturfreund immer wieder neue Gesichtspunkte, um Tagesausflüge auf diesem dankbaren Terrain anregend zu gestalten. Fahren wir frühzeitig nach unserem allbekannten Großhesselohe und schlagen nach Passierung der Brücke rechts den Fußweg über Geiselgasteig nach Grünwald ein. Vom jenseitigen Ufer grüßt zwischen herrlichen Buchenwaldungen die Burg Schwanegg herüber, die ihre Entstehung der romantischen Phantasie Ludwig Schwanthalers verdankt. Später residierte auf der Burg Ritter Mayer v. Mayerfels sel. Angedenkens, um dessen Wirken und Walten sich ein reicher Anekdotenkranz gebildet hat. In einer Stunde stehen wir vor dem alten Jagdschlosse der bayerischen Herzoge Johann Ernst und Sigmund, Burg Grünwald, durchschreiten das Dorf in südlicher Richtung über die sog. Eierwiese und gelangen, die Wegetafeln außer Acht lassend, auf schwach betretenem, aber gut erkennbarem Feldweg an den Überstieg des Parkes. Ein anmutigen Waldweg führt uns sodann nach einer halben Stunde an die Römerschanze, einem denkwürdigen Punkt. Die Bedeutung dieses mächtigen Kastrums ist bekannt. Eine halbe Stunde weiter südwärts gelangt man zum Georgenstein.

Schloß Grünwald (Ostseite).

Ein Blick von den steilen Höhen des Isarhanges hinab auf den Fluß und die bewaldeten Uferpartien ist von fesselnder Schönheit. Das von dem Bergflusse durchfurchte Hochplateau der Moränenzone unserer Voralpen mit seinen zahlreichen erratischen Findlingen, Gletscherschliffen und seiner reichen Flora gilt für den Geologen und Botaniker als Heiligtum. Dank dem Mangel einer Eisenbahnverbindung war das rechte Isarufer über Grünwald hinaus bisher noch ziemlich vereinsamt. Hier begegnen wir noch größtenteils den Trägern der Lodenjoppe, während am linksseitigen Ufer der gravitätische Gehrock vorherrscht. Von der Römerschanze zieht sich ein Fußweg in genau südöstlicher Richtung zum Ausgang des Parkes und über das Hörndl hinab in das Mühltal. In der idyllisch gelegenen Mühle mit Wirtschaftsbetrieb finden wir nicht selten eine muntere Touristengesellschaft bei Gesang und

Georgenstein.

Zitherspiel bis in die späten Abendstunden fröhlich beisammen. Nach einer halben Stunde, auf angenehmem Talweg, vorüber am Bruckenfischer, gelangen wir, die Bergstraße überschreitend, zu dem interessanten Aufstieg über die sog. steinerne Stiege auf das Hochplateau.

Nicht ganz mit Unrecht kann man diesen Aufstieg als Miniaturausgabe der steinernen Stiege bei Kufstein ansehen. Fehlen auch die hoch aufstrebenden Berge, so ist doch der Blick auf den Flußlauf und die umliegenden Höhenzüge von großem Reiz.

Auf der Höhe angelangt, überschreiten wir die Straße nach Deining und wenden uns links, über Wiesen wandernd, der Ludwigshöhe zu, die eine rötlich schimmernde Kapelle markiert. Die Aussicht auf Vorland und Gebirge ist bei klarer Luft eine prächtige. Nördlich wieder abwärts führt uns die Straße in einer kleinen Viertelstunde über **Klein= dingharting** nach **Großdingharting** mit seinem charakteristischen Kirchturm. Unter der breitästigen Linde des an einem Weiher gelegenen stattlichen Gasthauses lassen wir uns zur Mittagruhe behaglich nieder. Die Verpflegung läßt nichts zu wünschen übrig. Nach gründlicher Rast setzen wir unsere Wanderung über blumige Wiesen fort und gelangen auf einem schmalen Sträßchen in 10 Minuten in das **Gleißental** hinab. Das bewaldete, trockene Flußbett ist von höchstem geologischen Interesse, es beginnt am Deininger Filz, ist zwei Stunden lang und endet in Deisenhofen. Nach halbstündiger Wanderung im kühlen Grunde wenden wir uns wieder dem Fußweg aufwärts nach Jettenhausen zu und gehen dann durch den Wald auf der Höhe und über anmutiges Gelände nach **Kreuzpullach**, einem einsam gelegenen Dorfe mit wenigen Bauernhöfen und einer hübschen Kirche. Das halb verfallene einstige Benefiziatenhaus war ehedem ein Schlößchen, dessen Geschichte viele Jahrhunderte zurückreicht. Der Ort war schon im 8. Jahrhundert bekannt. Von hier gelangen wir in einer halben Stunde auf schönem Waldweg zu dem Endpunkt unserer Tour nach Deisenhofen und fahren mit der Bahn nach München zurück. Fünf Minuten, kurz vor dem Ausgange des Gleißentales, auf der rechten Seite befindet sich die bekannte Römerschanze, das Lager Bratananium. — Zeitaufwand der ganzen Tour $7^1/_2$ Stunden.

Nicht unerwähnt dürfen die vielen Hochäcker bleiben, welche sich in der Nähe des Legionslagers bei Deisenhofen vorfinden. Dieselben sind von Wäldern bestanden und durch ihre Furchenlage leicht erkennbar.

* * *

Wer das Gleißental ohne Einziehung des Isartals besuchen will, verfolge vom Bahnhof Großhesselohe den schattigen Waldweg längs der Bahnstrecke bis zum Übergang der Grünwalder Straße, übersteige am Stiegel den Parkzaun und wende sich in südöstlicher Richtung, den Ötzgeräumt verfolgend, dem Forsthause Wörnbrunn zu, das in $^3/_4$ Stunden erreicht ist. Von Wörnbrunn führt ein Fußweg durch abgeholzten Waldbestand in südlicher Richtung nach dem Schloßgute Laufzorn, das schon 795 (Laufzero) als Ansiedelung er=

wähnt wird. Von Laufzorn erreicht man nach genauer Orientierung, denn es begegnet uns gewöhnlich niemand, auf Waldwegen in südlicher Richtung in 1 Stunde die Straße nach Ödenpulach und setzt die Tour dann in vorerwähnter Weise nach Deisenhofen fort. Zeitaufwand 6 Stunden.

XII.
Tagestour von Schäftlarn über Deining nach Aufhofen und durch das Reichertshauser Trockental nach Harmating, Ascholding und Wolfratshausen.

Wir benützen zur Ausführung dieser Tour den ersten Morgenzug der Isartalbahn, verlassen in Ebenhausen den Zug und steigen den gewohnten Pfad hinab zum Kloster Schäftlarn. Noch dampfen die Nebel im Tale, die Glocken ertönen eben zur Frühmesse, ihre feierlichen Klänge passen zu dem Stimmungsbilde, das der taufrische Morgen in uns wachruft, wanderlustigen Sinnes überschreiten wir die rauschende Isar, und unweit des Brückenfischers geht's die steinerne Stiege hinan zum Hochplateau des Steilrandes, noch einen Blick auf das malerische Bild des Flußlaufes, und ein lauschiger Buchenwald nimmt uns auf, nach dessen Verlassen das freundliche Deining vor uns liegt. Bei Besichtigung des Ortes wollen wir die Kirche nicht vergessen, eine dort befindliche Votivtafel besagt uns, daß die Franzosen zu Anfang des vorigen Jahrhunderts sich hier in sehr unangenehmer Weise bemerkbar machten. Unweit von Deining befand sich unzweifelhaft dereinstens ein größeres Seebecken, dessen Ausläufer das Gleißental bewässerte und dessen Zulauf vom Reichertshauser Tal erfolgte, so behaupten die Geologen. Von Deining führt ein Fußweg über das Filz und später aufwärts durch Wald nach der hochgelegenen, drei Viertelstunden entfernten Ortschaft Aufhofen. Hier findet sich ein stiller, von saftgrünen Wiesen umsäumter See, hinter dem ein origineller Kirchturm zwischen großen Baumgruppen emporsteigt. Der Wanderer mag sich hier ungestraft ohne Kabine und Badehöschen nach Urgroßväterart durch ein Naturbad erfrischen. Das schmucke oberbayerische Bauernhaus ist in dieser Gegend heimisch, auch Dorflinden und weiß und blau bewimpelte Maibäume fehlen nicht. Das bescheidene Wirtshaus in Aufhofen ist ein Kabinettstück anheimelnder Schlichtheit; die

Schloß Ascholding.

Freunde einfacher Ländlichkeit fühlen sich hier behaglicher als in den großen Restaurants der bekannten und überlaufenen Ausflugsorte. Eine Viertelstunde südwärts von Aufhofen, in einer kleinen Talmulde versteckt, liegt das freundliche, uralte Dorf T h a n n i n g, schon 799 als Pfarrort Thanningas genannt, im 11. Jahrhundert Sitz eines Edelgeschlechtes und später herzogliches Lehen mit einem Dorfgericht. Ehe man die Ortschaft betritt, zieht sich links am Rande eines Bächleins entlang ein schmaler Fußpfad in das geologisch interessante R e i c h e r t s h a u s e r T r o c k e n t a l. Die Wanderung in dieses weltverlassene, eigenartige Gebiet ist landschaftlich und naturgeschichtlich gleich bedeutsam. Zu beiden Seiten des in die Moränenlandschaft eingeschnittenen Tales erheben sich mächtige Buchenbestände und dichter, hochstämmiger Tannenwald, und in der Niederung schimmert durch die Zweige der Bäume der Wasserspiegel eines schilfverwachsenen Teiches, dem ein zweiter und dritter folgt, bis der Weg ansteigt über grüne Matten und niederes Gehölz zu dem eine halbe Stunde von Thanning entfernt gelegenen einsamen Weiler K o g e l. Von hier zieht sich eine Wegspur zuerst südwärts über Wiesen und dann gut gangbar rechts hinab durch Fichtenwald in das eigentliche Trockental, in dessen Verlauf wir, auf grünem Talboden weiter wandernd, nach einer halben Stunde den freundlichen Ort R e i c h e r t s h a u s e n erreichen. Der hohen Lage entsprechend eröffnet sich ein freier Ausblick von mächtiger Ausdehnung auf die Terrassen des Alpenvorlandes und das Gebirge. Nach einer weiteren Viertelstunde taucht plötzlich Schloß H a r m a t i n g vor uns auf, ein einfacher, wuchtiger Bau, der in weitem Umkreise die Landschaft beherrscht. Das Schloß hat seine ursprüngliche Gestalt bis zum heutigen Tage bewahrt und hat, soweit die Urkunden zurückreichen, nur einmal seine Besitzer gewechselt. Von dem Geschlechte der Waldecker ging es bereits im Jahre 1386 an die Edlen von Barth über, in deren Besitz es bis zum heutigen Tage geblieben ist. Die Bildnisse der Ahnherren dieser ruhmreichen Familie blicken ernst aus ihren Rahmen, viele haben ihrem Vaterlande bis auf 600 Jahre zurück in hervorragender Weise treue Dienste geleistet. In dem in der Nähe des Schlosses gelegenen Gasthause finden wir gute Verpflegung, wenn wir nicht zu spät kommen, und ein beschauliches Plätzchen unter schattigen Bäumen vor dem Hause zu willkommener Rast. In dieser abgeschiedenen Gegend hat sich im Laufe der Jahrhunderte wenig verändert. Von Harmating zieht sich ein Sträßchen abwärts, vorüber an einem idyllisch gelegenen See, nach dem drei Viertelstunden entfernten großen Dorfe A s c h o l d i n g mit stattlichen Bauernhöfen und einem unweit gelegenen Schlößchen, dessen ursprüngliche Besitzer hier schon im Jahre 1170 seßhaft waren. Das in einem hübschen Parke gelegene, dem Verfalle nahe gewesene Herrenhaus wurde von seinem nunmehrigen Besitzer wieder hergestellt, und an Stelle der alten grämlichen Burginsassen hört der still Vorüberwandernde wohl zuweilen das feucht-fröhliche Treiben einer neuzeitlichen Ritterschaft, welche in einem Gelaß des altersgrauen Löwenturmes in München haust. Hat uns die liebe Sonne auf dem Wege von Harmating her allzu freundlich bedacht, so entschädigt uns jetzt kühler Waldesschatten auf dem reizenden Fußwege über den breiten Bergrücken nach dem $1^{1}/_{2}$ Stunden entfernten W o l f r a t s h a u s e n. Beim Verlassen des Waldes stehen wir gebannt von dem prächtigen Anblick des Isartales, das nun in seiner größten Breite vor uns liegt. Rüstige Fußgeher mögen, auf dem rechten Isarufer bleibend, über P u p l i n g zur A u m ü h l e durch wald= und blumenreiches Wiesenland zum B r u c k f i s ch e r und nach S ch ä f t l a r n 1½ Stunden zurückwandern. Von der Aumühle führt ein Steig in eine geologisch und landschaftlich sehr beachtenswerte Schlucht und steil aufwärts nach dem sagenumwobenen Hornstein. Wenige Steintrümmer und eine tiefe Zisterne sind die letzten Reste der hier gestandenen Burg. Eine reiche botanische Ausbeute lohnt den Weg durch die Auen. Wer die Tour abzukürzen wünscht, erreicht von Pupling in einer halben Stunde Wolfratshausen und mag sich auf einem der aussichtsreichen Bierkeller stärken bis zum Abgang des Zuges.

XIII.
Fußwanderung von Holzapfelkreut über Neuried, Buchendorf nach Leutstetten, Wangen und Baierbrunn.

Diese Tour, so einfach sie auf den ersten Blick erscheint, ist nicht minder reich an abwechslungsvollen Bildern, prächtigen Waldpartien und historisch denkwürdigen Punkten; wir haben auch nicht nötig, sehr tief in die Tasche zu greifen und nichts dagegen, zur Abwechslung einmal statt einer stundenlangen Eisenbahnfahrt unsere Wanderung unmittelbar vom Weichbilde der Stadt aus im kühlen Waldesschatten anzutreten. Die Trambahn bringt uns rasch an den Ausgangspunkt der Exkursion, nach H o l z a p f e l k r e u t. Hier verfolgen wir die Straße nach F o r s t e n r i e d, dem Waldfriedhof entlang, und schlagen nach 10 Minuten den Fußweg ein, der rechts in den Wald abzweigt. Der Pfad ist köstlich in der Morgenfrische zu begehen, leicht zu finden und mündet nach ¾ Stunden in das Sträßchen ein, das von P l a n e g g nach N e u r i e d führt. Von letzterem Orte wenden wir uns südwärts nach dem Forste Kasten auf der Gautinger Straße, verlassen dieselbe wieder links beim Beginn des Jungholzbestandes und nun führt uns ein schmaler, aber gut ausgetretener Fußweg dicht an der Einfriedung des Forstenrieder Parks entlang, bald in hochstämmigen Tannenwald, bis zum sog. Preysing=Geräumt. Auf letzterem fortschreitend gelangen wir nach einer halben Stunde zu einem altehrwürdigen Denk=

mal in tiefer Waldeinsamkeit. Eine verwitterte Steinpyramide zeigt ein Relief mit der Darstellung eines vom Pferde stürzenden Jägers mit Dreispitz und Haarzopf und die Altöttinger Madonna. Der stürzende Jäger ist ein Ahnherr der Grafen von Preysing, der hier auf der Jagd durch einen Sturz vom Pferde in große Bedrängnis geriet. Das Denkmal wurde von König Albert 1735 gesetzt. Die Richtung weiter südwärts verfolgend, gelangen wir bald auf freies Feld und sehen vor uns die vorzüglich erhaltene Bieberschanze römischen Ursprungs, einstmals zum Schutze der großen Heerstraße von Salzburg nach Augsburg angelegt. Es ist dieses eine der besterhaltenen Römerschanzen auf südbayerischem Gebiet. Das etwas abseits vom Verkehr gelegene Buchendorf macht einen sehr freundlichen Eindruck. Südlich vom Dorfe senkt sich die Straße hinab in die herrlichen Buchenwaldungen des Würmtalgebietes, verfolgen wir diese Richtung längs der Marksteine, so gelangen wir in einer kleinen Stunde nach Leutstetten. Auf einer Anhöhe oberhalb des Dorfes schimmert durch das Gezweige der Bäume die sonnenbeglänzte Fläche des Würmsees, von den Konturen unserer heimischen Berge überragt, ein Bild ruhiger Schönheit. Leutstetten liegt auf einer Hochterrasse des einstigen nördlichen Seeufers. Nunmehr sind die Niederungen reichlich mit Moorland bedeckt. Erratische Blöcke ragen allenthalben aus dem welligen Moosboden der Hügellandschaft hervor, nicht selten Exemplare von bedeutender Größe. Das dem Prinzen Ludwig gehörige Mustergut und Schloß Leutstetten ist sehr beachtenswert. Unweit des in nächster Nähe gelegenen Bades Petersbrunn auf einsamer Höhe liegt Rieden mit seinem idyllischen Kirchlein, der Begräbnisort einer edlen jungen Frau, der Prinzessin Mathilde von Bayern, welche gern und oft hier weilte. Wir setzen die Tour größtenteils auf Waldwegen mit hübschen Ausblicken nach Wangen fort, das in einer kleinen Stunde erreicht ist. Haben wir uns bisher Radfahrer und Automobile ängstlich vom Leibe gehalten, so können wir deren Anblick hier in vollen Zügen genießen, ist doch die Starnbergerstraße das Mekka aller sportlustigen Elemente auf Gummirädern, wir aber wollen auf solidem Leder lustig weiter marschieren in östlicher Richtung nach dem großen Ökonomiegute Schorn und gelangen von dort aus direkt in den Forstenrieder Park, durch den uns ein sehr anmutiger Fußweg in einer weiteren Stunde nach Baierbrunn führt.

Die Zeitdauer der ganzen Tour bis Baierbrunn beträgt 5^1/$_2$ Stunden. Die Bedeutung Baierbrunns in landschaftlicher und historischer Beziehung ist bekannt. Unweit des Dorfes in südwestlicher Richtung befinden sich germanische Hochäcker. Schon im 12. Jahrhundert saß hier ein gleichnamiges Geschlecht, dem auch der tapfere Feldhauptmann Kaiser Ludwigs des Bayern Konrad von Bayerbrunn angehörte. Die einstige Anlage der Burg ist am Ostrande des Ortes noch deutlich sichtbar. Die aussichtsreiche Stelle ist jedermann als Konradshöhe bekannt.

Um auch den Radfahrern zu ihrem Rechte zu verhelfen, mögen dieselben auf weiten Umwegen von der Gautingerstraße über das sagenumrauschte Mühltal und seine Karlsburg an den schönen Gestaden des Starnberger Sees entlang über Ammerland, Münsing und Wolfratshausen nach Baierbrunn gelangen, wo ein fröhlicher Schoppen den Tag beschließen mag.

XIV.
Tagestour von Planegg über Geisenbrunn und Hoflach nach Bruck und Roggenstein.

Zeitig fahren wir mit dem Frühzuge nach Planegg, ohne Aufenthalt lenken wir unsere Schritte nach dem bekannten Wallfahrtskirchlein Maria-Eich. Durch den Eichenhain, welcher die Kapelle umgibt, führt uns der Weg in westlicher Richtung durch den Kreuzinger Forst in einer guten Stunde nach Geisenbrunn, einem kleinen Ort mit freien Ausblicken nach allen Richtungen. Eine Viertelstunde westwärts direkt an der Römerstraße, worüber ein Denkstein Aufklärung gibt, ist die bekannte Brauerei Argelsried gelegen. Wir pilgern von Geisenbrunn in südlicher Richtung auf angenehmen Fußwegen über den auf aussichtsreicher Anhöhe gelegenen Weiler Nebel nach Holzkirchen und Alling, dem denkwürdigen Ort, in dessen Nähe die Schlacht von Alling im Jahre 1422 zwischen den Herzogen Ernst und Albrecht und Ludwig dem Gebarteten von Ingolstadt stattfand, bei welcher sich bekanntlich die Münchener Handwerkszünfte durch ihre Tapferkeit besonders ausgezeichnet haben. Das in der Nähe gelegene malerische Kirchlein zu H o f l a ch zeigt an der inneren Nordwand des Langschiffes eine getreue Darstellung der Kämpfer jener denkwürdigen Schlacht in voller Rüstung mit Fähnlein und im Waffenschmuck, ein interessantes Freskobild für Freunde und Kenner der bayerischen Geschichte, gemalt vom Meister Gabriel Angler, der selbst in der Schlacht von Alling mitgekämpft hatte. Von Hoflach schlagen wir das Sträßchen nach dem zwischen Obstbäumen versteckt gelegenen Dörfchen B i b u r g ein, welches besonders im Frühling zur Zeit der Obstblüte einen reizenden Anblick gewährt und erreichen in ³/₄ Stunden von Hoflach aus das in anmutiger Hügellandschaft gelegene malerische Kirchlein zu P f a f f i n g und G e l b e n h o l z e n, einen Lieblingsausflug der Brucker Sommerfrischler. Von letzterem Ort führt uns die Straße durch die sog. Schlucht und unter dem Bahndamm hindurch nach Kloster F ü r s t e n f e l d. Die stattliche Klosterkirche im Florentiner Renaissancestil ist mit Fresken und Stukkaturen reich geschmückt; manch ein berühmter Name der italienischen Schule ist hier verewigt. Das ehemalige Zisterzienserkloster, nunmehr Unteroffizierschule, wurde im Jahre 1263 von Ludwig dem Strengen erbaut zur Sühne für die im Jähzorn veranlaßte Hinrichtung seiner ersten Gemahlin, der unglücklichen Maria von Brabant. Kirche samt Kloster wurden nach den Verheerungen im Schwedenkriege neu erbaut. In dem schattigen Garten der Klosterwirtschaft halten wir Mittagspause. Auf dem bewaldeten Rande des gegenüberliegenden Höhenzuges genießt man eine prächtige Aussicht. Wir sehen das Dörfchen P u ch, in dessen Nähe Kaiser Ludwig der Bayer auf der Jagd vom Schlage gerührt seinen Tod gefunden. Die Ortschaften Emering, Olching und Bergkirchen sowie Schloß Dachau liegen in nordöstlicher Richtung. Die ausgedehnten Moorflächen verschwimmen mit dem Horizont in nebelgrauer Ferne. Nördlich vom Weiherhause führt uns nach einer Viertelstunde ein Sträßchen rechts der Bahn in den Wald, durch welchen wir auf schattigen Fußwegen nach 1¹/₂ Stunden in den aussichtsreichen Bierkeller von R o g g e n s t e i n gelangen. Auch Roggenstein hat seine Vergangenheit. Vor Jahrhunderten ist hier eine Burg gestanden, deren Kapelle und einige Mauerreste noch vorhanden sind. Unter den schattenspendenden Baumriesen läßt sich der Rest des Tages bis zum Abgange des Zuges nach München angenehm verträumen. Diese Tour erfordert einen Zeitaufwand von 6½ Stunden.

* * *

Nicht weniger lohnend, jedoch eine Stunde weiter ist die Abzweigungsroute Planegg, Fronloh, Weßling-Schöngeising mit dem Endziel Bruck.

Wir beginnen die Wanderung in gleicher Weise wie Tour I, nur betreten wir von der Waldlichtung Kreuzing, auf welcher eine Jagdhütte steht, in südwestlicher Richtung einen Pfad, der uns in schnurgerader Linie im kühlen Schatten an das von Gauting nach Fronloh führende Sträßchen führt. — Fronloh besteht aus einigen einsam gelegenen Gehöften. Milch und Brot ist jederzeit in einem der schmucken Bauernhöfe zu haben. Von Fronloh führt der Weg zunächst durch Wald, dann über die Heide nach Oberpfaffenhofen und Weßling, 3 Stunden von Planegg entfernt. Das lieblich gelegene Weßling mit seinem kleinen blauen See, von hübschen Baumgruppen und Landhäusern umrahmt, besitzt Badegelegenheit und gute Gasthäuser, weshalb sich die Mittagsrast angenehm gestaltet. Befriedigt verlassen wir die gastliche Stätte und den blauen See und besteigen den naheliegenden, in Mitte mächtiger Baumriesen stehenden Aussichtsturm, schwelgen in dem hübschen Panorama und schlagen sodann den unterhalb des Turmes vorbeiführenden Waldweg ein, der uns durch prächtige Buchenbestände in 2 Stunden über Jeßhof nach Schöngeising führt. Der einstmalige römische Amperübergang ad Ambre, der 763 als Kissinga benannt war, ist Fundort zahlreicher Ausgrabungen aus der Römerzeit. Die Gegend ist waldreich und anmutig. Die Amperbrücke überschreitend gelangen wir auf einen echten Sommerfrischlerpfad mit einzelnen Ausblicken. — Jeder dritte Baum ist markiert, die Wege sind wohlgepflegt und mit Ruhebänkchen versehen. Kühler Waldesschatten herrscht hier. Auf halber Höhe des Moränenrückens zieht sich diese ideale Promenade dahin bis wir in einer guten Stunde den freundlichen Markt Bruck erreicht haben. Auf einem der hübsch gelegenen Bierkeller läßt sich in behaglicher Ruhe die Zeit zur Heimkehr erwarten.

XV.
Fuß= und Radtour Weßling=Andechs=Starnberg=München.

Radfahrer wählen als Ausgangspunkt die Gautingerstraße durch Forst Karsten, Fußgeher fahren per Bahn nach Gauting. **Unterbrunn** und **Weßling** sind die folgenden Stationen. Nach einer kurzen Frühstücksrast im schattigen Garten des alten Wirtshauses, woselbst eine gewisse Münchener Spezialität nach einem guten Rezept fabriziert wird, folgen wir der Straße über die aussichtsreiche **Dellinger= höhe** durch die prächtige Eichenallee nach **Seefeld**. Die Strecke ist reich an prächtigen landschaftlichen Ausblicken. Schloß Seefeld, auf römischen Fundamenten erbaut, präsentiert sich als vornehmer Herrensitz, es ist seit 1472 im Besitze der Familie v. Törring=Jettenbach. Die Türme des Schlosses spiegeln sich in dem malerisch gelegenen fischreichen Pilsensee. In der Kirche des 10 Minuten entfernten schön gelegenen großen Dorfes **Oberalting** sehen wir interessante Grabsteine der Grafen von Seefeld. Der prächtige Schloßpark mit seinen mächtigen Bäumen, lauschigen Wegen und rieselnden Quellen ist an sich schon eine Sehenswürdigkeit. Dem See entlang führt die Straße weiter nach dem jetzt viel besuchten **Herrsching** am Ammersee. In Seefeld oder hier ist geeignete Zeit der Mittagsrast. Von Herrsching führt uns der Weg weiter durch das romantische Kiental nach **Kloster Andechs**, dem Zielpunkt frommer Wallfahrer und lebensfroher Touristenschwärme. Die alte Anziehungskraft des Klosterbräustübls (wenn auch in modernisiertem Gewande) bildet ein versöhnendes Moment unter den heterogenen Elementen, die hier zusammenkommen. Das Benediktinerstift Andechs ist abgesehen von seinen kirchlichen Kunstschätzen von hervorragender Bedeutung in geschichtlicher und kulturhistorischer Hinsicht. Schon um das Jahr 1102 herrschte hier das ruhmreiche Geschlecht der Grafen von Diessen. Graf Ratbod erbaute das Kloster, das von den Hunnen, und 1672 von den Schweden zerstört wurde. Wieder aufgerichtet, verfiel es 1803 der Säkularisation. König Ludwig I. hob Andechs wieder zu seiner alten Bedeutung und vereinigte es mit dem Benediktinerstifte St. Bonifaz in München. Es ist nicht Zweck dieser Schrift, all die Kunstschätze aufzuzählen, von den riesengroßen

halbzentnerschweren kunstvoll bemalten und verzierten Opfer=
kerzen gar nicht zu sprechen, welche vom 15. bis 18. Jahr=
hundert hier geopfert wurden. Nach dem Gewichte der Ker=
zen zu schließen, müssen es schwere Fälle gewesen sein, welche
hiedurch ihre Sühne finden sollten. Ein großer Teil dieser
Wachskolosse stammt von berühmten Herrschergeschlechtern.
Länger als beabsichtigt, dehnt sich der Aufenthalt hier aus.
Die Sonne beginnt sich bedenklich zu neigen, eilig besteigen
die Radler ihre Stahlrößlein und fahren auf guter Straße über
P e r c h t i n g nach S t a r n b e r g — und wenn es die Zeit
erlaubt — noch weiter über den Forstenriederpark nach
München zurück. Fußgeher gelangen in zwei Stunden über
Aschering nach Possenhofen auf angenehmem Fußweg.

XVI.
Südwärts.
**Fußwanderung von Otterfing über Jasberg=
Dietramszell, Kloster Reutberg und durch den
Teufelsgraben nach Holzkirchen.**

Freunde der schönen Natur, welche von den Liebkosungen
der staubentwickelnden sportlustigen Welt absolut verschont blei=
ben wollen, mögen uns auf dieser Tour begleiten. Wir be=
steigen den Frühzug 5 Uhr 20 Minuten und befinden uns um
$1/_2 7$ Uhr in O t t e r f i n g. In köstlicher Morgenfrische be=
ginnen wir hier unsere Wanderung auf dem Sträßchen nach
Erlach. 10 Minuten westwärts von Otterfing erblicken wir
rechts von der Straße ein gotisches Kirchlein zur Ortschaft
B e r g h a m gehörig und lassen uns den kleinen Abstecher
dorthin nicht gereuen. Es ist ein Kabinettstück für Alter=
tumsfreunde. Schon die Pforte zur Kapelle erweckt unsere
Bewunderung, obwohl der Zahn der Zeit an ihr das sei=
nige getan. Das Kreuzgewölbe, das Chor und das rechts=
seitige Kirchengestühl repräsentieren edle Altgotik. Die Altäre
und der figürliche Schmuck zeigt sich leider fast durchwegs
wie in den meisten Landkirchen in der geschmacklosen Nach=
blüte des Zopfstils. Unter dem Chor des Kirchleins ge=
wahren wir ein etwas vernachlässigtes bedeutsames Bildnis der
bärtigen sog. hl. Kümmernis, von dem nur noch wenige
in Bayern erhalten und zu finden sind.

Unweit Bergham kurz nach dem Eintritt in den Wald führt links ein Fußweg über Wiesen nach dem weithin sichtbaren aussichtsreichen Jasberg hinan. Eine Kapelle mit hübschem gotischen Altärchen und einige Bauernhöfe stehen auf der luftigen Höhe, welche eine Aussicht von umfassender Ausdehnung darbietet. In greifbarer Nähe sehen wir Benediktenwand, Karwendel und Wetterstein bis zur Zugspitze, während linker Hand der Wendelstein und die Inntaler Berge das Bild abschließen. Lichtgrüne Buchenwaldungen, dunkle Tannen und blumige Wiesen umsäumen die schneebedeckten tiefblauen heimatlichen Berge und die Stille des klaren Morgens wird nur durch das Trillern der Lerchen unterbrochen.

Von dem Hügel führt ein schwach betretener Fußpfad direkt südlich nach Thalham hinab und durch den Dittenhauser Wald nach Dittenhausen und zur Straße nach Dietramszell. Dieser freundliche Ort mit stattlichem Kloster liegt in einer anmutigen Talmulde und bietet uns nach $2^1/_2$ stündiger Wanderung willkommene Rast in der gastlichen Bräuhausschenke. In der Klosterkirche sehen wir rechts vom Hochaltar in einer Seitenkapelle den einfachen Grabstein und die Gebeine Dietrams, der als Begründer dieser klösterlichen Ansiedelung gilt, welche bis zur Säkularisation eine Augustiner-Propstei war und seit 1831 unter der Leitung des Ordens der Salesianerinnen ein Mädcheninstitut in seinen Räumen beherbergt.

Nach angenehmem Aufenthalt führt uns dicht vom Kloster in südlicher Richtung eine schattige Allee nach dem Wallfahrtsorte Maria Elend, einer malerisch unter hohen Baumgruppen gelegenen Kapelle mit vielen Votivtafeln aus ältester Zeit. Die interessanten Trachtenbilder und treuherzig naiven Verse und Texterläuterungen sind eine wahre Fundgrube für Kulturhistoriker, so zum Beispiel:

„O Maria bitt doch deinen lieben Sohn,
Daß er mich von Kopfweh' verschon',
Jetzt und alle Zeit Sonderlich in Ewigkeit. Amen.
A. 1756. Anna Dissing zu Jasperg."

Durch herrliche Buchenbestände gehts auf markiertem Fußweg weiter südwärts, wobei zu empfehlen ist, nicht zu weit nach links zu geraten und auf die Markierung wohl zu achten. Das

Gebiet heißt der Zeller Wald und an seinem Südrande liegt der Kirchsee. Links erhebt sich stolz auf einem isolierten Moränenhügel das Ziel unserer Wanderung Kloster Reutberg. Hübsch ist die Aussicht von der Terrasse der einfachen Klosterschenke auf die nahe gerückten Vorberge des Kochler, Tölzer und Tegernseer Gebietes. Nach gründlicher Mittagsrast und Besichtigung alles Sehenswerten setzen wir unsere Wanderung in östlicher Richtung fort auf dem Strüßl nach der Sägmühle am Eingange in den Teufelsgraben. Die Mühle am Bach unten im Tale rechts lassend, steigen wir aufwärts und verfolgen einen Wiesenpfad, der uns in einer halben Stunde nach der im Talgrunde gelegenen Peletsmühle führt. Hier mögen sich ängstliche Wanderer nach dem Fortgang des Weges erkundigen, der uns in der Mitte des sich nun erweiternden Grabens in einer weiteren halben Stunde über verschiedene klare Bächlein auf wackeligen Stegen an einen kleinen waldumschlossenen See und weiter nördlich an einer verfallenen Mühle vorüber führt. Dann verengt sich das Tal. Abwechslungsreiche Bilder ziehen an unsern Augen vorüber, gemischter Wald, allerlei Strauchwerk und saftgrüne Wiesenhänge bedecken das geologisch interessante Tal, dessen obere Schichten teilweise mit Schotter und Konglomeraten durchsetzt sind; auch Kalktuff und mergelige Schichten kann man bei oberflächlicher Betrachtung gewahren, wir erkennen die letzten Spuren einstiger Flußläufe. Nach einer weiteren Stunde Wegs durchquert wie eine Talsperre die Straße von Dietramszell nach Holzkirchen den Graben. Ein scheues Reh äugt aus dem Gezweige. Von der Höhe der Straße kommt ein gelber Postwagen langsam herabgezogen, der Postillon bläst ein lustig Lied, es mutet uns an wie ein längst entschwundenes Bild aus alter Zeit. Das moosige Gras macht etwas müde, deshalb folgen wir den Spuren der Postkutsche die Waldstraße aufwärts bis zur Ortschaft Baumgarten, von welcher links ein Fußweg durch Gehölz und über Wiesen in einer kleinen Stunde nach Holzkirchen führt. Die Wegstrecke von Reutberg hierher beträgt drei Stunden. In einem der hübschen Bierkeller oder Gärten Holzkirchens läßt sich in jeder Hinsicht ein würdiger Abschluß der Tour erwarten, welche einen Zeitaufwand von $7^{1}/_{2}$ Wegstunden in Anspruch nimmt.

Schloß Blutenburg.

XVII.
Würmtal und Würmseegebiet.

Die Ortschaften Ober- und Untermenzing, sowie das zwischen mächtigen Baumgruppen gelegene alte bayerische Herzogsschlößchen Blutenburg mit sehenswerter Kapelle und Pipping mit seiner interessanten, von Künstlern gern aufgesuchten altgotischen Kirche verleihen der von der Würm durchschlängelten Landschaft mit ihren Mühlen und saftgrünen mit Buschwerk bestandenen Wiesen großen malerischen Reiz. In Blutenburg fesseln den Kenner die Altarbilder mit den bayer. Herzogsbildnissen, die berühmte Madonna hinter dem Hochaltar im Innern der Apsis und die Apostelfiguren. Die poetische Stimmung des Klosterhofes läßt uns längst entschwundene Zeiten erträumen.

Die Wanderung dorthin über Nymphenburg und Pasing ist an sich ein lohnender Nachmittagsausflug. Auch bietet die Wanderung die Würm aufwärts von Pasing durch den Wald nach Station Gräfelfing und von dort über die Bahn nach dem idyllisch gelegenen Schloßgut Freiham und nach Pasing zurück einen hübschen kleinen Ausflug. Wenn wir aber früh nach Station Planegg fahren, beginnt von dort die Wanderung in das Herz des Würmtals. Drei Wege führen außer der Fahrstraße nach Gauting und jeder hat seine besonderen Reize. Der eine führt über das einsam gelegene Forsthaus Kasten, der zweite ebenfalls durch Wald, die Bahn entlang, und der dritte unterhalb des Abhanges von Planegg anfänglich über Wiesen bis zur Haltestelle Stockdorf und dann durch prächtiges Buchengehölz immer rechts haltend bis dicht vor Gauting mit schönen Ausblicken auf die linksseitigen, von Tannenwald bestandenen Höhenzüge. In der am Ausgange dieses Weges gelegenen Gautinger Frauenkirche befinden sich hinter dem Hauptaltar vorzüglich erhaltene Grabdenksteine der alten Adelsgeschlechter Tichtl von Tutzing und Barth. Von Gauting (dem einstigen Sitze der fränkischen Königstochter Kysila im Jahre 800 n. Chr.), von der Römerstraße durchkreuzt, führen außer dem Fahrsträßchen in das eine Stunde entfernte Mühltal drei Wege.

Der eine Weg zweigt vom Gasthause „zur Post" am rechtsseitigen Ufer der Würm südlich ab. Nach einer Viertelstunde gewahren wir auf der linken Seite des Sträßchens einen einzeln stehenden Baum im Felde, an diesem vorüber

Mühltal bei Starnberg.

führt ein gut betretener Fußpfad in schattigem Buchenwald, in dessen Verlauf wir nach ³/₄ Stunden auf eine Anhöhe gelangen, von welcher sich ein überraschender Ausblick auf den Würmsee darbietet. Dicht unter diesem Höhenrücken liegt

Leutstetten, von welchem wir in einer Viertelstunde auf breiter Straße durch das Mühltal zur Wirtschaft gelangen. Der zweite Weg geht in gleicher Anfangsrichtung an der historischen Reismühle, dem angeblichen Geburtsorte des Kaisers Karl des Großen, vorüber und führt direkt in den Wald an den ehemaligen Pulvermühlen vorüber, die Würm entlang, und dann etwas aufwärts durch hochstämmigen Buchenwald direkt in den Wirtsgarten von Mühltal. Der dritte Weg führt an der Bahn entlang in den Wald über Königswiesen. Links vom Wege durch den jungen Tann schimmern die weißen Mauern einer kleinen Kapelle durch das Gezweige. Beachtenswerte Spuren alter Freskomalereien verweisen auf deren einstige Bedeutung. Unendlicher Friede waltet an dieser Stelle mit dem Blick auf das wogende Meer von Baumwipfeln im Tale und auf den Höhen. Aus diesem poesieumwobenen Erdenwinkel mag sich ein Moritz Schwind die landschaftlichen Motive zu seinen Märchenbildern geholt haben. In sanfter Kurve zieht sich das Sträßchen abwärts an einem alten Votivkreuz vorüber zur Mühle, die zu willkommener Rast im Tal einladet. Unmittelbar hinter ihr erhebt sich, alle Hügel überragend, die Kuppe des Karlsberges, auf welchem dereinst eine Burg gestanden hat, von welcher jedoch zurzeit nichts mehr übrig ist als die unverkennbaren Spuren der Wälle. Noch in den vierziger Jahren des vorigen Jahrhunderts waren hier Mauerreste vorhanden. Über das Alter der Burg und ihre dereinstigen Bewohner schwebt geheimnisvolles Dunkel. Die frühere Besiedelung dieses Gebietes wurde durch zahlreiche Funde aus der Römer- und Keltenzeit festgestellt. Ein schöner Weg führt weiter über den Würmsteg an der Mühle aufwärts zur Bahnstation und die Bahn überschreitend auf dem jenseitigen Höhenweg durch Wald zur Schießstätte in einer kleinen Stunde nach Starnberg. Der moderne Ort hat nichts mehr gemein mit dem einstigen Fischerdorfe, aber die Schönheit der Natur ist ihm geblieben. Eine reiche Auswahl von anmutigen Spaziergängen und Fahrten auf dem See bieten sich in Menge. Hermann Schmid, Maximilian Schmidt und Aug. Becker haben u. a. die Gestade des Sees vielfach zum Schauplatz ihrer Romane gewählt, und Reiseschriftsteller aller Länder haben seine lachenden Ufer verherrlicht.

XVIII.

Zu Tagesausflügen an den **Würmsee** benutzen wir einen direkten Morgenzug nach Starnberg. Es seien hier nur einige besonders dankbare Touren angeführt. Fahren wir beispielsweise mit dem Dampfboot nach Schloß **Berg**, an dessen Ufer dereinstens zur Kurfürstenzeit die zu Tode gehetzten Hirsche in das Wasser getrieben wurden, um von den Ruderbooten aus von den fürstlichen Herrschaften erlegt zu werden. Das Prachtschiff Max Emanuels, der Buccentaurus, glitt stolz durch die Wellen des Würmsees, von der schlichten Bevölkerung angestaunt und bewundert. Nach Besichtigung des Parkes, der Gletscherschliffe am östlichen Abhang und der Gedächtniskapelle des unglücklichen Königs Ludwig II. begeben wir uns nach dem unweit gelegenen **Leoni**, dem einstigen Sommersitz des Kammersängers **Leoni**, und hinauf zur **Rottmannshöhe**, dem Lieblingsaufenthalt des Landschaftsmalers Rottmann. Auch der Bismarckturm mit umfassender Aussicht auf See und Gebirge darf nicht unbesucht bleiben. Am zweckmäßigsten fahren wir sodann mit dem Dampfer von Leoni nach **Possenhofen** zur Mittagsstation, setzen die Wanderung während der Mittagshitze durch die schattige Wolfsschlucht nach **Feldafing** fort und gehen weiter durch die königlichen Anlagen nach dem 1½ Stunden entfernten Tutzing. Unvergleichlich ist der Anblick von See und Gebirge unweit Feldafing von der roten Kapelle aus. Wer es nicht eilig hat, mag die **Roseninsel** besuchen, auf welcher König Ludwig II. manche Mondnacht verträumte. Auch der Pfahlbauten ist zu gedenken, deren Spuren hier gefunden wurden aus einer Zeit, in welcher noch der Einbaum das einzige Fahrzeug war, welches den See durchkreuzte; einzelne Exemplare behaupteten sich bis zur Mitte des vorigen Jahrhunderts. Der Weg nach Tutzing führt an **Garatshausen**, dem einstigen Sommersitze des früheren Königs Franz II. von Neapel, vorüber. In **Tutzing**, der eleganten Villenkolonie mit ihren köstlichen Seebädern, gönnen wir uns noch einen vollen Blick von der Johanneslinde auf das Landschaftsbild und verbringen den Rest des Abends unter den schattigen Bäumen des unweit gelegenen **Tutzinger Kellers**, bis uns das Dampfschiff oder die Eisenbahn nach Starnberg oder München zurückführt.

Eine nicht minder dankbare Tour führt von Starnberg auf dem sogenannten Prinzenweg im Waldesschatten mit schönen Ausblicken bis zur Stelle, wo ehedem die Prinz-Karl-Eiche stand, und dann hinab zum Garibaldiwirt und an den See zur Straße nach Possenhofen. In dem herzoglichen Schlosse und seiner anmutigen Umgebung verbrachten die beiden ihres tragischen Schicksals wegen so unglücklichen Töchter Herzog Maximilians von Bayern ihre frohen Jugendjahre, die Herzogin von Alençon, die einstmalige Braut König Ludwigs von Bayern, und die Kaiserin Elisabeth von Österreich. In Possenhofen betreten wir den Dampfschiffsteg und fahren hinüber nach Ammerland, dem einstigen Landsitze des feinsinnigen Poeten und Kinderfreundes Grafen Pocci. Von hier setzen wir die Wanderung zu Fuß fort am Seeufer entlang nach dem stillen alten Fischerort Ambach, woselbst einst der Fischmeister als Seerichter seines nassen Amtes waltete. Es gab eine Zeit, zu welcher die Münchener einen Ausflug nach dem Starnbergersee riskierten, um sich an den billigen Renken satt zu essen. Das unweit gelegene stille St. Heinrich hat uns Maximilian Schmidt durch seine Fischerrosl von St. Heinrich näher gebracht. Des Nachmittags vertrauen wir uns am besten wieder dem Dampfboot an, welches uns rasch nach Seeshaupt, dem einstigen Sommersitze Pettenkofers, führt. Der unvergleichlich schöne Naturpark mit seinen Riesenbäumen und Ausblicken auf den See, durch welche wir nach Bernried gelangen, gehört zu den schönsten Partien, welche der Würmsee aufzuweisen hat. Bernried ist ein stilles Plätzchen, zur beschaulichen Ruhe wie geschaffen. Die Umgebung des Kirchleins ist von besonderem Reiz; auch der Bernrieder Sommerkeller verdient einer Erwähnung.

Als lohnende Seitentouren vom Würmsee seien erwähnt: 1. Die Wanderung von Possenhofen auf guten Fußwegen über Aschering nach Andechs (2 Stunden) und von hier auf dem Höhenweg nach Hochschloß Pähl (1^{1}/$_{2}$ Stunden) und über Menetshausen nach Tutzing an den Würmsee zurück. 2. Die schöne Fußtour, größtenteils durch Wald, von Rottmannshöhe nach Wolfratshausen. 3. Der aussichtsreiche Übergang von Seeshaupt über Hohenleiten nach dem Eurasburger Sommerkeller. 4. Der Abstecher von Seeshaupt an den Ostersee und die Lauterbacher Mühle, alles leichte und angenehme Tagestouren.

XIX.
Der Ammersee und seine angrenzenden Gebiete.

Das Ampergebiet mit seinen prächtigen Waldungen, anmutigen Hügellandschaften und stillen Wasserbecken fesselt besonders den Naturfreund. Den Ausgangspunkt bildet **Grafrath**, das seinen Namen dem Wallfahrtskirchlein an der Amper verdankt, in dem sich die Grabstätte des angeblich riesengroßen Kreuzfahrers Grafen Rasso (Ratbod) befindet. Von Grafrath wenden wir unsere Schritte auf dem linksseitigen Sträßchen nach **Unteralting**. Der viertelstündige Umweg lohnt sich reichlich, da von hier aus ein schöner Waldweg nach dem eine Stunde entfernten Sommerkeller an der Inninger Straße führt, von welchem wir in einer weiteren halben Stunde über **Inning** nach **Stegen**, dem Nordpunkt des Ammersees, gelangen. Hier bietet sich ein überraschender Blick auf See und Gebirge, dessen duftiger Hintergrund von dem mächtig emporragenden Zugspitzmassiv begrenzt wird. Bei klarer Luft gewähren die weiß schimmernden Segelboote, welche die tiefblaue Wasserfläche durchkreuzen, in Verbindung mit dem landschaftlichen Hintergrund ein unvergleichliches Stimmungsbild. Nach angemessener Rast setzen wir unsere Wanderung dicht am linken Seeufer entlang fort bis zu der dreiviertel Stunden entfernten Ortschaft **Buch**. Der Weg dahin ist größtenteils schattig und bietet reizende Ausblicke auf die Seelandschaft. Rüstige Fußgeher mögen ihre Seewanderung ausdehnen bis **Breitbrunn** und die unvergleichliche Aussicht vom Königsberg genießen. Von Buch ebenso wie von Breitbrunn führen gute Wege, die Seefelderstraße überschreitend, durch alte Buchenwaldungen nach dem eine Stunde entfernten **Bachern** am **Wörthsee**. In einer weiteren Viertelstunde ist **Walchstadt**, der Hauptort des Wörthsees, erreicht. In dem dortigen, gern von Fischliebhabern besuchten einfachen Gasthause findet man gute Unterkunft, nur ist es ratsam, etwas frühzeitig einzutreffen, ehe das Gros der Sommerfrischler zu tafeln beginnt. Originell ist der Zusammentrieb der Schweine während der Mittagszeit vor dem kleinen Wirtsgärtchen. Um die Idylle zu vollenden, tutet der Schweinehirt so mächtig in sein Horn, daß man versucht wird, an das Herannahen eines Automobils zu denken. Im Vertrauen gesagt, lassen sich aber letztere sehr wenig hier sehen, dank der schlechten Beschaffenheit der Straßen. Das Speisezimmer des Gasthauses ist mit vortrefflichen Kohlenzeichnungen von Künstlerhänden geschmückt, Walchstädter Persönlichkeiten, unter denen wir einen alten Münchener Biedermann, den längst verstorbenen Anton Schneider, gewahren. In der Mitte des Sees, dicht von Schilf und Röhricht umgeben, liegt die Mausinsel, von deren verlassenem Schlößchen man sich gar gruselige Geschichten erzählt. Im Schilf nisten und brüten tausende von Möven, deren Bekanntschaft wir im Vorfrühling alljährlich an der Isar machen; sie legen den Weg nach München rascher zurück als die Lokalbahn. An der östlichen Seite des idyllischen Sees liegt das Dörfchen Steinebach, in dessen Nähe sich Überreste von Römerschanzen befinden.

Von Walchstadt schlagen wir des Nachmittags entweder den ununterbrochen durch Wald führenden, $1^{3}/_{4}$ Stunden langen Weg nach Grafrath zur Station ein oder wir wenden uns östlich auf markiertem Fußpfad über Wiesen und durch Wald und an dem romantisch gelegenen Kirchlein Grünsink vorbei nach dem anderthalb Stunden entfernten Weßling, um von hier die Heimfahrt anzutreten.

XX.
Ammersee. (Fortsetzung.)

Zu einer etwas weiter ausgedehnten Tour fahren wir mit der Bahn direkt nach Herrsching, dem lebhaftesten und meistbesuchtesten Punkt des Ammersees; schmucke Bauernhäuser und zahlreiche Villen grüßen freundlich aus Baumgruppen und Buschwerk hervor. In der Wirtsstube des Gasthauses zum Kiental wird eine Erinnerung an Bayerns traurigste Zeit verwahrt. Es ist ein kaiserlicher Doppeladler von 1706, der auf die Herrschaft Österreichs in bayerischen Landen hindeutet. Von Herrsching beginnt unsere Wanderung zu Fuß am Seeufer entlang südwärts nach dem eine halbe Stunde entfernten Mühlfeld und nach einer weiteren Viertelstunde gelangen wir in einem herrlichen Buchenwald zur alten Römerstraße, wo Hauptmann Arnold im Jahre 1887 die Reste eines römischen Lagers aufdeckte. Nach anderthalbstündigem Marsche sind wir an der Dampfschiffstation Fischen angelangt. Die Fernsicht oberhalb Fischen auf die Alpenkette und das majestätische Hochschloß Pähl ist von großartiger Schönheit. Hier wollen wir rasten, bis uns ein Schiff zur Mittagsstation Bayerdiessen, dem größten Orte des Sees, hinüberführt. Der Markt erhebt sich terrassenförmig am Ufergestade. Auf der Höhe thront die Klosterkirche mit dem ehemaligen Augustinerchorherrnstift; letzteres ist jetzt ein Gasthaus mit interessanten Spuren seiner einstigen Bestimmung. Reiche Stuck= und Marmorverkleidungen entdeckt man in den Korridoren des weitläufigen Gebäudes, das deutliche Spuren des Verfalles an sich trägt. In dem einstigen mit Skulpturen und Freskobildern geschmückten Refektorium essen jetzt behaglich Gäste und Sommerfrischler. Die Klosterkirche enthält u. a. die Grabdenkmäler der Grafen von Andechs. Der Ort ist römischen Ursprungs. Eine Römerstraße lief am Seeufer entlang wie auch die im Burgwalde südwärts von Diessen einst stehende Burg der Grafen von Diessen ein Römerkastell gewesen sein soll. Mit Ausnahme des schattigen Klosterparkes ist Diessen selbst etwas stiefmütterlich mit Baumwuchs bedacht. Nachmittag vertrauen wir uns wieder dem Dampfboot an und fahren nordwärts. Von der linken Seeseite grüßt das idyllische Kirchlein St. Alban und weiter seeabwärts kommt das durch seine Zinnfigurenfabrikation einst berühmte, jetzt stille Utting in Sicht. In Unterschondorf betreten wir wieder Land. In dem hübschen, am Seeufer gelegenen Wirtschaftsgarten ist gut weilen. Dem nebenan gelegenen, aus Tuffstein erbauten Kirchlein mißt man ein hohes Alter zu. Das Kruzifix der Kirche gilt als wertvolle Antiquität. Von Unterschondorf führt ein kurzweiliger Waldweg nach Bad und Schloß Greifenberg. Der halbstündige Abstecher sollte nicht versäumt werden. Der ehemalige Sitz der Greiffen von Greifenberg bietet eine herrliche Aussicht auf See und Gebirge. Nach dreiviertelstündigem Rückwege des Abends nach Stegen vertrauen wir uns dem Amperboote an, welches uns in Schlangenlinien nach Grafrath befördert, dem Ausgangspunkt unserer Tagestour.

Eine weitere dankbare Tour in das Ammerseegebiet ist von der Station Steinebach am Wörthsee zu Fuß über Auing und Güntering nach dem hoch gelegenen, aussichtsreichen, eine Stunde entfernten Hechendorf mit dem Blick auf den Pilsensee und das Schloß Seefeld. Von Hechendorf führt ein Fußweg über Rausch in ³/₄ Stunden nach dem einsamen Schlößchen Ried am Ammersee, dem einstigen Lieblings= aufenthalt des Komponisten Lachner. Von hier geht die Tour auf bekannten Pfaden über Herrsching durch das Kiental nach Andechs und über die Siegeskapelle und das Klostergut Rotenfeld nach der Bahnstation Possenhofen zur Heimfahrt.

XXI.
Anzinger Forst, Ebersberg und Grafing.

1. Wer jemals die farbenreichen Bilder des sonnigen Südens gesehen, wer trunkenen Blickes den Untergang des glühenden Sonnenballs geschaut auf einem der Höhenzüge des Apennins, der Heimat stolzer Pinien und Zypressen Ita= liens, wird diese Eindrücke nie vergessen, zumal wenn das tiefblaue Meer einer Küstenlandschaft das Bild vollendet. Trotz all dem Zauber der südlichen Vegetation geben wir doch für alle Lorbeer= und Orangenhaine den prächtigen deutschen Wald mit seiner geheimnisvollen Sprache, die unser Herz gefangen hält, nicht preis und fühlen uns glücklich, in einem Lande zu leben wie unser schönes Bayerland, dessen fünfter Teil seiner Bodenfläche noch von Waldland bedeckt ist. Es weht uns bei diesem Bewußtsein ein Hauch des alten germanischen Stammesbewußtseins an und wir gedenken jener Zeiten, als die begehrlichen Römer ihre Straßen durch diese Wälder gezogen, aus welchen sie durch unsere Altvordern mit starkem Arm vertrieben wurden. Es fällt uns nicht schwer, jene Zeit zu verstehen, wenn wir durch unsere mächtigen deutschen Forste streifen, in welcher menschliche Kulturarbeit anders als später gewertet war.

Wandern wir hinaus in die schweigende Pracht des Waldes unserer Heimat und beginnen wir unsere Streifzüge diesesmal durch den 27,000 Tagwerk umfassenden, im Jahre 1823 parzellierten Waldkomplex des Anzinger Forstes. Infolge der Nonnenkatastrophe, welche hier bedenkliche Dimen= sionen angenommen hat, müssen wir uns insoferne bei der Durchquerung des Forstes eine Mäßigung auferlegen, als die großen mit jungen Kulturen bestandenen Kahlflächen und die endlosen sonnigen Geräumte die Wanderung nicht eben überall erquicklich gestalten. Deshalb wählen wir beispielsweise als Ausgangspunkt der Wanderung die Station **Egl h a r t i n g** der Grafinger Bahnlinie. Ein schmaler Fußpfad führt uns in wenigen Minuten an ein Parktor des Forstes und wir gelangen, das Neukirchner Geräumt überschreitend, auf einem Waldweg in das Maurergeräumt, welches wir in östlicher Richtung verfolgen, bis uns ein weiterer Fußpfad zu dem $^1/_2$ Stunde entfernten Forsthaus **D i a n a** führt, in dessen Sommerlaube wir eine kleine Rast halten mögen, um uns dem idyllischen Zauber dieser Waldoase hinzugeben.

Vom Forsthause verfolgen wir das Reitöster=Geräumt und befinden uns in einer weiteren halben Stunde wieder am Ausgange des Parkes. Ein schattiger Hohlweg führt uns direkt in einer Viertelstunde an den **Eggelburger See** und nach **Hintereggelburg**: ein poetischer Fleck Erde, ausgestattet mit dem Reiz absolutester Ruhe. Das schmucke Kirchlein auf dem aussichtsreichen Hügel am See soll nicht unbesucht bleiben. Hier wollen wir Mittagpause halten. Wem nach erhöhten Tafelgenüssen gelüstet, dem winkt das nahe Ebersberg. Der Bezirk Ebersberg weist auf eine mehr als tausendjährige Kultur hin. Ihn durchzog die römische Heerstraße Salzburg—Augsburg. Die Bodengestaltung gehört zum Teil in das Gebiet der Schotterebene und zu jenen Moränenablagerungen, welchen das Landschaftsbild seine vielgestaltige, anmutige und belebte Form verdankt. Der Markt **E b e r s b e r g** selbst ist römischen Ursprungs und besitzt eine sehenswerte Kirche mit wertvollen Grabsteinen aus dem 14. und 15. Jahrhundert, deren Besichtigung sehr zu empfehlen ist. Von besonders historischem und kunstgeschichtlichem Werte ist das Grabdenkmal der Grafen von Sempt. Das nebenstehende schloßartige Gebäude war ehedem ein Kloster, in welchem jetzt Bezirks= und Rentamt untergebracht ist. Das große Haansche Anwesen entstammt ebenfalls klösterlichem Besitz, wie solches das Portal des Hofes durch sein Wappen und die Jahreszahl 1497 bezeugt. Auf dem aussichtsreichen Bierkeller läßt sich recht gut ein Stündchen verbringen, bis wir den Rückweg antreten, am Weiher vorüber, welcher angenehme Badegelegenheit bietet, nach dem Aussichtsturm, von dessen Terrasse die ganze Alpenkette, unzählige Ortschaften und der mächtige Forst überblickt wird. Ein weiß markierter Weg über hügeliges Gelände und prächtigen Buchenwald führt von der Warte größtenteils am Parkzaun entlang nach dem zwei Stunden entfernten Kirchseeon. Dieser Weg ist von besonderer Schönheit und kann dessen Erschließern nicht genug gedankt werden. Von einem abgeholzten Hügel der Strecke genießt man südwärts eine umfassende Fernsicht über das ganze Moränengebiet des Inngletschers, im Norden das kaum übersehbare Meer von Baumwipfeln des Anzinger Forstes. In Kirchseeon beim alten Wirt läßt sich angenehm, weil weniger geräuschvoll, der Abgang des Zuges erwarten, deshalb soll keinem anderen Betriebe zu nahe getreten werden.

* * *

2. Diese Tour ist mit Abänderung auch in umgekehrter Richtung zu empfehlen; man schlägt von Station Kirchseeon direkt die Grafinger Straße ein über den Spanleitenberg, von dessen Höhe nach ¼ stündigem Gehen bei der ersten Querstraße links nach wenigen Schritten der schon erwähnte weiß markierte Weg beginnt und uns in oben geschilderter Weise nach Ebersberg führt. Von Ebersberg geht die Wanderung über die aussichtsreiche Höhe des Asselberges nach dem ¾ Stunden entfernten Markte Grafing und dem damit verbundenen älteren Orte Öxing. Von der Straße zweigt rechts ein Fußweg über eine Feldkapelle dahin ab. Der freundliche Marktplatz Grafings bietet ein Bild geschäftigen Lebens, fehlt es doch hier nicht an Brauereien, Brennereien und Mühlen. Auf einem der schönen Keller oder in dem gemütlichen Bierstübchen der Wildschen Brauerei ist gut weilen. Von Grafing wenden wir uns auf Fußwegen entweder der Attel entlang oder durch das schattige Jägerdobelholz nach dem eine halbe Stunde entfernten Schlößchen Ölkofen. Die Entstehung des malerischen Herrensitzes reicht in das 11. Jahrhundert zurück. Der Besuch Ölköfens allein lohnt schon den Ausflug. Der schluchtige Waldweg, welcher von Grafing dahin führt, mündet dicht vor der Burg, welche wie ein mittelalterliches Raubritterschloß von einem tiefen Graben um-

Schloß Ölkofen.

geben zwischen mächtigen Bäumen hervorragt. Der in schönen Verhältnissen sich präsentierende Bau ist vorzüglich erhalten, sehr glücklich restauriert und gehört zurzeit dem Grafen Rechberg. Es fehlen nur die Zugbrücke und die stampfenden Rosse der gepanzerten Reiter, um die Illusion zu vollenden. Von hier wird die Eisenbahnstation Grafing in einer guten Viertelstunde erreicht. Diejenigen Ausflügler, welche in Ebersberg die Aussicht auf dem schönen Keller länger als beabsichtigt gefangen hält, mögen von dort in der Abendkühle die Staatsstraße nach Kirchseeon einschlagen. Nach einer Viertelstunde gemächlichen Wanderns zweigt rechts bei einem Feldkreuz ein Sträßchen ab, welches uns über anmutiges Gelände nach dem alten Dorfe Kirchseeon und von dort auf der breiten Straße weiter zur Station führt. Der Weg ist in $1^1/_2$ Stunden zurückgelegt.

* * *

3. Marschtüchtige Naturfreunde, welche den Anzinger Forst gründlich genießen wollen, und welchen es auf ein paar Sonnenstrahlen mehr oder weniger nicht ankommt, ist anzu=

raten, von Station Baldham über Ort Baldham nach dem 1½ Stunden entfernten Purfing zu wandern, um von hier durch den Forst auf dem Purfinger Hauptgeräumt zum Forsthaus Hubertus und nach Ebersberg in weiteren 3½ Stunden zu gelangen. Auch dieser Route mangelt es nicht an abwechselnden Szenerien und angenehmen Ruhepunkten.

Wie vieles lernt und beobachtet man doch im Walde: der zartfühlende Laie bedauert die vielen durch den Reif erfrorenen kleinen Fichtenstämmchen, beim Betasten der Stammspitzen klebt ihm ein Teerpräparat an den Fingern, welches den Zweck verfolgt, dem Wilde das Naschen zu verleiden. Die Gefahr des Reifes soll die Zwischensaat rasch wachsender Birken verhindern. Die rauchenden Spreuhaufen in der Nähe der Kulturgärten, welche sich wie Kohlenmeiler ansehen, liefern die wertvolle Asche als Düngmittel für die Koniferensaat. Während wir durch das Dickicht dringen, trommelt es leise durch den Tann, es ist der Schwarzspecht, und durch die Lüfte streicht mit stolzem Flügelschlag ein Häher und, haben wir Glück, so kann uns sogar Rot= oder Schwarzwild in die Hände laufen. Noch vieles ließe sich anführen von dem Leben und Weben im deutschen Walde, doch wir müssen weiter wandern. — Der überzählige Wildstand im Forste wird fleißig abgeschossen. Zur Verbesserung der Rasse der Borstentiere des Forstenriederparkes wird ab und zu ein Keuler aus dem Anzinger Forst in die dortige Sommerfrische abkommandiert.

Am Ausgange des Purfinger Hauptgeräumtes zieht sich eine angenehme Straße nach Ebersberg, von hier können wir nach Belieben unter Grundlage der oben angeführten Routen heimwärts steuern.

XXII.
Mangfallwinkel.

Die malerische Hügellandschaft, welche der Abfluß des Tegernsees, die Mangfall, nach ihrer Vereinigung mit der Schlierach durchströmt, ist ungemein reich an schönen und eigenartig gestalteten Landschaftsbildern, daß Ausflüge in dieses Gebiet wohl zu den dankbarsten gerechnet werden können. In

Mangfalltal.

geologischer Hinsicht besonders von hohem Interesse infolge seines reichen Gesteinmaterials und der Gestaltung, welche der Flußlauf bei seiner Einmündung in das Trockental des Teufelsgrabens nimmt, um sich sodann in scharfer Biegung nach Süden zu wenden. Wollen wir unter den vielen sich darbietenden Touren einige herausgreifen und die Naturfreunde bitten, sich unserer Führung anzuvertrauen und fahren vorerst mit dem Frühzuge auf der Holzkirchner Linie nach Station Darching. In 10 Minuten befinden wir uns schon im Mangfalltale, in welches eine Straße gerade gegenüber dem Bahnhofe einmündet. Ein Stangensteig führt direkt an der Straßenkreuzung hinab zur Talsohle. Leider fehlt es hier, wie auf der ganzen Tour, an Wegbezeichnungen und waren solche vorhanden, so wurden sie von bübischen Händen zerstört und beseitigt. Im Tale wenden wir uns linksseitig auf gut gangbarem Sträßchen über Wiesen und durch Wald an einem Stollenbau der Münchener Wasserleitung vorüber bis zum dritten Bauernhaus, von welchem sich der Weg aufwärts zu dem von Darching $1/2$ Stunde entfernten ehemaligen Sitz der Graffschaft Valley zieht. Ein nüchterner schloßartiger Bau mit historischer Vergangenheit und eine Braustätte nebst wenigen Gebäuden und dem alten hochgiebeligen Gasthause mit gegenüberliegendem schattigen Biergarten bilden die Stätte, welche wir nicht verlassen, ohne den römischen Meilenstein zu besichtigen, der im Hintergrunde einer offenen Sommerhalle des Gartens sein ehrwürdiges Dasein fristet. Aus der Inschrift ist ersichtlich, daß dieser Meilenstein von Septimus Severus in der Zeit um 193 bis 211 n. Chr. gesetzt wurde. Unzweifelhaft hat die Säule nicht hier, sondern in der Nähe bei dem Weiler Göggenhofen gestanden, woselbst die Römerstraße von Helfendorf heranführte und wurde später hieher transportiert, um vor gänzlicher Zerstörung geschützt zu sein. Setzen wir unsere Wanderung fort durch den Hohlweg hinab in den Höllengraben und wenden uns dann die Straße rechts, von welcher nach etwa hundert Schritten der Höllgraben durch einen schmalen Holzsteg links überschritten wird. Ein schöner Fußpfad führt uns sodann durch Wald und über hügeliges Terrain mit freien Ausblicken auf die eng begrenzte Flußlandschaft. Die hier sich bietenden mannigfachen Bilder mit malerischen Bauernhäuschen und alten Mühlen tragen durchwegs alpinen Charakter an sich. In einer halben Stunde ist Hohendilching erreicht. Schon von weitem grüßen der spitze Kirchturm und die blitzblanken Gehöfte von der Höhe herab. Wir erfreuen uns ihres Anblickes, lassen sie aber oben liegen und gelangen nach Überschreitung einer Wiese auf halber Höhe des Abhanges auf einen gut betretenen Waldweg, welchen wir in

gerader Richtung verfolgen. Nach dreiviertelstündiger genuß=
reicher Wanderung führt der Weg an den Bahndamm. Oben
auf dem Steilrande des Taleinschnittes steht das Kirchlein
von **Grub** mit seinem Zwiebelturm. Bei dem eisernen Dreh=
kreuz überschreiten wir das Geleise und steigen den Stangen=
steig aufwärts zum Hochplateau. Ehe man die Höhe erreicht,
bietet sich ein entzückender Blick nach rückwärts auf das
Mangfalltal mit den Schlierseer Bergen im Hintergrunde,
ein Bild von anmutigem Reiz und wohl einer der schönsten
Ausblicke auf das Tal. — Nun bleiben wir auf der Höhe,
verfolgen rechts das Sträßchen und gelangen nach einer
weiteren halben Stunde wieder größtenteils durch Wald,
nach dem Dörfchen **Aschbach** und Schloß **Altenburg**
mit schöner Aussicht von der nahe gelegenen Kapelle aus.
Das hier sich darbietende Panorama gehört zu den bedeu=
tendsten des Mangfallgebietes. Hier ist es Zeit, Mittagspause
zu halten. Von dem 1/4 Stunde entfernten **Oberreit** führt
ein prächtiger Fußweg in einer halben Stunde zur Eisen=
bahnstation **Westerham** hinab. Vor Erreichung derselben
überschreiten wir beim Bahnübergang das Geleise und ge=
langen auf einem Sträßchen aufwärts durch waldiges Ge=
biet in das auf dem vorgeschobenen Höhenrücken des Mang=
fallwinkels gelegene aussichtsreiche Dorf **Kleinhöhen=
kirchen**. In dessen Nähe befindet sich eine mächtige Römer=
schanze. Hier soll nach Aventin eine römische Legion von
Herzog Theodo I. von Bayern (520) überwunden und aus
dem Lande getrieben worden sein. Der gegenüber westwärts
einmündende **Teufelsgraben** vereinigt sich mit dem
Rinnsal der Mangfall, welche eine halbe Stunde unterhalb
Westerham die Leitzach aufnimmt. Von Kleinhöhenkirchen
über **Sonderdilching**, **St. Oswald**, einem schmucken
gotischen Kirchlein, und **Fentbach** wird das wegen seiner
Aussicht berühmte **Weyrer Lindl** erreicht. (Wer das
Lindl schon besucht hat, kann von Sonderdilching auf kürzestem
Weg ins **Mühltal** und zur Bahnstation Darching gelangen.)
Vom Weyrer Lindl ist in einer halben Stunde **Weyarn** er=
reicht, dessen Klosterbau das Tal beherrscht. Graf Sigiboth
erbaute hier um 1130 ein Kloster für die Augustiner Chor=
herrn zur Sühne für seine begangenen Greueltaten. 1350 litt
dasselbe durch Brand und wurde später 1374 durch Propst

Heinrich wieder hergestellt. Die Säkularisation erfolgte 1803.
Jetzt befindet sich eine Erziehungsanstalt der Stadtgemeinde
München in den ehemaligen Klosterräumen. Die Kirche ist
im Barockstil erbaut und sehr sehenswert. Alte Grabsteine aus
romanischer und gotischer Zeitperiode und interessante Votiv=
bildnisse aus den ältesten Zeiten der Begründung des Baues
sieht man in den Pfeilernischen des mächtigen Kirchenschiffes.
Malerisch wirkt auch der alte Klosterhof mit eingebauter Ka=
pelle. Von Weyarn zieht sich die männiglich bekannte schöne
Straße in das Mühltal hinab und in einer halben Stunde
befinden wir uns vor der gastlichen Stätte der hübsch ge=
legenen Weiglmühle, um dort den Abend zu verbringen
bis zum Abgang des Zuges von der ¼ Stunde oberhalb ge=
legenen Station Darching.

XXIII.
Taubenberg.

Zur Ausführung einer anderen nicht minder lohnenden
Tour, unter Einziehung des Taubenberges, fahren wir früh=
zeitig nach Station Oberwarngau und begeben uns nach
dem ¼ Stunde links liegenden Osterwarngau, von hier
führt ein schöner Waldweg in einer halben Stunde nach der
Einsiedelei Nüchternbrunn, ein idyllischer Fleck Erde in
Mitte stiller Waldespracht. Von der Kapelle erreichen wir in
einer guten Viertelstunde den Aussichtsturm und das Block=
haus des Taubenberges. Hierüber gibt es wohl nichts zu
sagen, das nicht schon bekannt wäre. Nach erfolgter Rast
auf luftiger Höhe schlagen wir nicht den allgemein begangenen
Weg nach Thalham ein, sondern steigen vom Blockhaus direkt
südlich ab, zum schön gelegenen Heinzenhof (¼ Stunde) und
auf einem Stangensteig weiter abwärts zur verfallenen Mühle,
in deren Nähe ostwärts ein Marterl steht, von welchem ein
gut betretener Fußweg in einer weiteren halben Stunde nach
Gotzing führt. Die dortige Wirtschaft bietet eine ange=
nehme Mittagsrast. Es ist ein traulicher Aufenthalt im Gärt=
chen, sowie in der getäfelten Wirtsstube. Hier wird die histo=
rische Gotzinger Trommel aufbewahrt, unter deren Wirbel=
schlägen die Bauern der dortigen Umgegend 1705 sich dem
Aufstand zur Verteidigung Münchens anschlossen; von einer

Stelle des Wirtsgartens überraschender Blick nach Süden. Von Gotzing geht's auf schön gepflegten Wegen, deren Instandsetzung wir der Stadtgemeinde München verdanken, nach Thalham und weiter bis zur 1½ Stunde entfernten Weiglmühle im Mangfalltale abwärts, von welcher wir wie oben nach Darching zum Endziele der Tour gelangen. Nicht minder lohnend ist die Route von Mitterdarching auf schönem Waldweg über Wildschwaig und prächtiges Jagdgebiet nach Nüchternbrunn, dann weiter wie oben.

Selbstverständlich ist auch der direkte Abstieg nach Thalham über den Marold- und Langeneckerhof dankbar und empfehlenswert.

XXIV.
Leitzachtal.

Zur Ausführung der Wanderung Leitzachtal-Seehamsee fährt man am besten nach Westerham mit der Holzkirchner Bahn direkt und versäume nicht, das rechtsseitige Wagenfenster zu erobern, um den Blick in das Mangfalltal zu genießen. (Rüstige Fußgeher können auch in 1½ Stunden Westerham von Station Aying aus erreichen. Von Westerham gelangen wir zur Einöde Arnhof ins untere Leitzachtal in ¾ Stunden, sodann führt uns ein Fußpfad direkt an die Leitzach, deren Lauf wir auf einem Sträßchen verfolgen und über Esterndorf und Ried in 1½ Stunden nach Großseeham gelangen. Ein zweiter interessanterer Weg führt über Narring durch die Leitzachauen in südlicher Richtung, ohne Esterndorf zu berühren, zu einer Sägmühle, von welcher rechts ein Bergsträßchen steil hinauf nach Großseeham führt. Letzteres Dorf bietet einen prächtigen Blick auf den Seehamsee, ein einsam gelegenes Wasserbecken, 1,5 Kilometer lang, von Wäldern umsäumt und im Hintergrunde von den Schlierseer Bergen überragt. Das dortige Gasthaus hat einen Tiroler Charakter und bietet eine angenehme und auch in kulinarischer Hinsicht erfreuliche Mittagsrast. Von Großseeham gelangt man in einer Stunde über Neukirchen nach Thalham oder in 1½ Stunden über das aussichtsreiche Wattersdorf nach Weyarn zur Heimfahrt.

XXV.
Von Sauerlach durch den Hofoldinger Forst und an den Lauser-See nach Westerham und Darching.

Um diese Tour erfolgreich durchzuführen, fahren wir mit dem ersten Zuge nach Sauerlach und wenden uns außerhalb des Dorfes an der Schießstätte vorüber in südlicher Richtung auf einem Sträßchen in das Waldgebiet. Nach 1½ Stunden erreichen wir die idyllisch gelegene Forsthütte. Mächtig wirkt die schweigende Größe des ungeheueren Forstes. Wohl vernehmen wir keinen menschlichen Laut, aber die gefiederten Sänger jubilieren ohne Unterlaß trotz des feinen Sprühregens, welchen uns der Himmel beschert, und haben wir erst die Forsthütte erreicht, ein köstlich ruhiges Plätzchen zu willkommener Rast, so überschleicht uns ein Gefühl unsagbarer Zufriedenheit. Die Hütte und ihre aus Holz gezimmerten Nebenbauten präsentieren sich in weidmännischer Einfachheit. Eine originelle Wasserversorgung stellen die beiden Pumpbrunnen vor der Hütte dar, sie werden nur vom Regenwasser gespeist, welches ihnen von den Dachrinnen der Hütte übermittelt wird. In dieser puritanischen Einfachheit haust ein betagtes Ehepaar. Wenn der Forst im Schnee erstarrt, mag hier wohl die Anspruchslosigkeit ihren Höhepunkt erreichen. Wer auf ein üppiges Frühstück rechnet, tut gut daran, sich mit entsprechenden Bedarfsartikeln zu versehen. Von Hofolding führt auch ein schöner Radfahrerweg hierher. Von der Forsthütte setzen wir unseren Weg in östlicher Richtung auf dem Peißgeräumt fort bis zur Miesbacher Straße und zu den Ansiedelungen Klein-Karolinenfeld, überschreiten die Straße und gelangen auf blau markiertem Fußweg durch schönes Laubholz in einer Stunde auf freies Feld.

Auf dem gegenüberliegenden Höhenzuge liegt das eine Viertelstunde entfernte Helfendorf, durch welches die große Römerstraße von Deisenhofen her durch den Hofoldinger Forst führte. Hier wurde der christliche Glaubensbote Emeran am 22. September 652 von den Mannen Lamberts, des Bruders der bayerischen Herzogin Uta, welche unweit Vöhring hauste, eines falschen Verdachtes wegen gemartert und erschlagen. In der kleinen Wallfahrtskirche wird uns der Stein gezeigt, auf dem die Untat geschah. Diese Begebenheit ist durch eine lebensgroße plastische Darstellung in sehr drastischer Weise der Nachwelt verewigt. Ein altes mehrfach restauriertes Relief und eine Statue des hl. Emeran von kunsthistorischem Interesse sehen wir an einem Bauernhause in Großhelfendorf angebracht, die Abgüsse befinden sich im Bayer. Nationalmuseum. Nach Besichtigung alles dessen wenden wir unsere Schritte nach dem Buchgraben, in welchem ein Holzweg außerhalb des Dorfes rechts abzweigt, und gelangen durch eine schattige Schlucht auf rauhem Wege nach dem eine kleine Stunde entfernten Oberlaus. Die Straße dorthin ist in der Mittagshitze nicht zu empfehlen. Das freundliche Dörfchen Laus mit kleinem See und seinem altersgrauen Sattelturm liegt zwischen saftig grünen Hügeln eingebettet und ist schöner als sein Name. In dem guten Gasthause patriarchalischen Schlages halten wir wohlverdiente Mittagsruhe. Von Laus führt ein angenehmer Fußweg über aussichtsreiche Höhen in einer Stunde auf die große Staatsstraße nach Feldkirchen und Aibling mit freiem Ausblick auf das hier sich verbreiternde Mangfalltal. Bei dem umzäunten Grundstück, welches hart an der Straße liegt, zweigt rechts ein Wiesenpfad nach Westerham ab, hier wollen wir den Nachmittagskaffee zu uns nehmen; man rastet ganz gerne wieder ein halbes Stündchen. Stattliche Gehöfte und Mühlen schauen zwischen den blühenden Obstbäumen hindurch, wir wenden uns nach der Brücke und überschreiten die muntere Gebirgstochter und schlagen die Straße in das Leitzachtal ein bis zu dem etwa 10 Minuten entfernten kleinen Bierkeller, welchem schräg gegenüber ein Gangsteig aufwärts führt über Wiesen und durch Wald mit wunderbarem Ausblick in das breite Leitzachtal nach dem eine halbe Stunde entfernten Weiler Mittenkirchen mit dem gotischen Kirchlein St. Oswald.

Grün beränderte Pfade führen uns nun wieder südwärts von Hof zu Hof, vorüber an breitästigen Bäumen und plätschernden Brunnen über Fendbach zum Weyrer Lindl.

Die Sonne steht bereits ziemlich tief, ihre scheidenden Strahlen überfluten mit goldenem Schimmer Busch und Wald, und der tiefblaue Wendelstein schaut herüber voll Ernst und Feierlichkeit. Hinter dem wackeren Gesellen leuchten im rosigen Schimmer die Zacken des Wilden Kaisers hervor. In deutlicher Nähe erkennen wir den stillen Seehamsee, das altersgraue Weyarn, das hochgelegene Irschenberg, und in der Ebene verschwimmen die riesengroßen Waldflächen im Dunstkreise des Horizonts. Zögernd trennen wir uns von dem herrlichen Bilde und wählen den Abstieg in westlicher Richtung gegen den Heuschober am Waldrande und halten uns sodann rechts auf scharf betretenem Fußweg, der an einem Bauernhof vorüber in den Hohlweg zur Mangfallbrücke hinabführt. Jenseits der Brücke wandern wir im kühlen Grunde an den Steinbrüchen vorüber, deren wetterfestes Material am Münchner Rathausbau Verwendung gefunden. Seit Jahrhunderten schon werden hier Kalktuffsteine in vorzüglicher Qualität gebrochen. Ab $^3/_4$ Stunden vom Lindl ist die allbekannte und hübsch gelegene Weiglmühle erreicht, wo sich der Abend bis zur Abfahrt des Zuges von dem eine Viertelstunde entfernten Darching gut verbringen läßt.

* * *

Diese Tour läßt sich unter Verzicht auf den Hofoldinger Forst um $2^1/_2$ Stunden abkürzen, wenn man mit dem Frühzuge vom Ostbahnhof nach A y i n g fährt und von hier das $1^1/_2$ Stunden entfernte Helfendorf auf angenehmem Waldweg zu erreichen sucht.

Ein schöner Weg führt auch von A y i n g über Helfendorf nach A l t e n b u r g mit unvergleichlichem Rundblick von der nahen Kapelle aus. Auf angenehmer Waldstraße erreichen wir Grub und steigen hinab zur G r u b m ü h l e, von welcher wir auf schattigen Waldwegen und über blumige Wiesen, an malerischen Mühlen und einer Hammerschmiede vorüber nach V a l l e y gelangen. Auf dem vorgeschobenen Bergrücken stand einstens eine stolze Burg, unter welcher jetzt in kühler Tiefe die mächtigen Fässer der Schloßbrauerei lagern. Von hier gelangt man in einer Stunde auf schönem Talweg zur Weiglmühle und nach Darching.

XXVI.
Vom Irschenberg zum Stadelberg.

Dem breiten, der Wendelsteingruppe vorgelagerten Moränenrücken, mit dem weithin sichtbaren, spitzen Kirchturme I r s c h e n b e r g s, welcher als geographischer Fixpunkt des

Mangfall-, Schlierach- und Leitzachgebietes betrachtet werden kann, gilt diesmal das Ziel unserer Wanderung. Auf mannigfachen Wegen kommt man zu dieser aussichtsreichen Höhe, welche von München aus bequem in einem halben Tage erreicht werden kann. Wollen wir diese Tour besonders genußreich gestalten, so benützen wir einen Abendzug in der Richtung nach T h a l h a m im Spätfrühling, oder Frühsommer, an welchem die Tage lang und die Mondnächte klar sind, und gestatten uns einen kleinen Umweg über das in welliges Hügelland eingeschobene N e u k i r c h e n und G r o ß - S e e - h a m am lieblichen S e e h a m s e e, welcher in einer kleinen Stunde von Thalham erreicht wird. In Groß-Seeham soll eine Raststation gemacht werden. Die Dämmerung bricht herein, aber die Nacht wird hell, das verkündet uns die volle Mondscheibe, welche sich bereits über dem Seebecken erhebt, an dessen östlichem Ufer wir die Wanderung in südlicher Richtung fortsetzen. Schluchtige Waldwege erhöhen die Romantik des Weges. Bald ist die B r a n d l m ü h l e erreicht. Wir überschreiten die Leitzachbrücke bei G r a ß a u und neben dem lustig plätschernden Dorfbrunnen in O b e r h a s l i n g steigen wir den Kirchsteig hinan. Auf freien lichten Höhen setzt sich der gut sichtbare Wiesenpfad fort, in schweigender Ruhe türmen sich die Berge vor uns auf: eine Wanderung in stiller Sommernacht im Silberlichte des Mondes ist von unbeschreiblichem Zauber. Nun taucht der spitze Kirchturm von J r s c h e n b e r g in nächster Nähe vor uns auf und in wenigen Minuten sitzen wir in der behaglichen Wirtsstube des Dorfes. Ein klarer Morgen lockt uns zeitig aus den Federn und nun geht es hinan zur aussichtsreichen W ö l - k a m h ö h e. Die Berge leuchten in der Morgensonne vom Kampen bis zum Wetterstein, dicht unter uns liegt das idyllisch gelegene Wallfahrtskirchlein von W i l d p a r t i n g, dorthin führt uns der Weg.

W i l d p a r t i n g ist eine uralte Stätte des Glaubens, ein schönes Kirchlein von trefflicher Gliederung seiner Innendekoration und lebensfrischer Darstellungen, welche sich auf die Lebensschicksale des hl. Marius und Anian beziehen. Im Jahre 697 erlitt Marius unweit der Kirche den Martertod, während sein Glaubensgenosse zu gleicher Zeit eines natürlichen Todes starb. Eine alte eiserne Glocke, mit welcher die frommen Einsiedler einstens die Gläubigen herbeiriefen, wird in der Kirche aufbewahrt und dem Wanderer bleibt es unbenommen, dieselbe in Tätigkeit zu setzen. Ein schöner Grabstein in Form eines Sarkophags von rotem Marmor ziert das Mittelschiff der Kirche.

Von Wildparting setzt sich ein Fußpfad fort durch drei waldige Wildschluchten, worunter jene des Kaltenbaches sich am tiefsten eingegraben hat, und zieht sich südlich empor über ein Hochmoor nach Niklasreut, das in zwei Stunden ab Irschenberg erreicht wird. Die Luftlinie beträgt allerdings kaum eine Stunde. Im dortigen Dorfwirtshaus haben wir Gelegenheit, nach der Kirche die typischen Gestalten der bodenständigen Bevölkerung zu studieren. Einer nach dem andern betritt breitspurig die Stube, alle in heimischer Tracht, aber ohne jenen Beigeschmack, wie ihn die Münchner Oberlandlerausgabe gern zur Schau trägt. Vom hochgelegenen Niklasreut führt ein ungemein schöner aussichtsreicher Weg den Telegraphenstangen nach über das durch A. Beckers „Verwehmt" bekannte Sonnenreut in einer Stunde, zuletzt durch Wald, bergab ins Leitzachtal nach Wörnsmühl. Dort halten wir Mittagsstation und setzen des Nachmittags unsere Wanderung fort über luftige Höhen von Hof zu Hof auf den gastlichen Stadelberg und suchen uns ein windstilles Plätzchen zur längeren Rast.

Wir haben das ganze Gebiet unserer Tageswanderung vor Augen. Irschenberg, Wildparting, Niklasreut und Wörnsmühl grüßen herüber zu den Eichen des Stadelberges und im Süden ist es wieder die Wendelsteingruppe, welche uns auf der ganzen

Bei Sonnenreut.

Tour getreu zur Seite stand. In einer halben Stunde ist Miesbach erreicht und die Partie hat ihren Abschluß gefunden. — Wer den Stadelberg nicht besuchen will, der mag von Wörnsmühl der Leitzach entlang über Parsberg auf angenehmer Straße Miesbach erreichen. Diese Tour ist auch an einem Tage unter Auslassung des Seehamsees zu bewältigen, wenn wir den ersten Frühzug nach Bruckmühl benützen, um auf dem kürzesten Weg über Waith nach Irschenberg zu gelangen.

Rüstige Fußgeher werden es auch nicht zu bereuen haben, wenn sie mit dem Frühzug nach Glonn fahren und von hier die schöne Wanderung durch abwechslungsreiche Landschaftsbilder über O b e r m ü h l, das hochgelegene B a y e r n, F e u e r r e i t h und I n n e r t a n n und den prächtigen Forst nach M a x l r a i n einschlagen. Die Marschdauer beträgt drei Stunden. Das althistorische jetzt dem Grafen Arco=Zinneberg gehörige Schloß bietet einen interessanten Anblick und der Schloßkeller eine prächtige Aussicht. Die Maxlrainer Herren hatten zur Zeit der Reformation einen harten Stand und manchen Strauß durchzukämpfen. Von Maxlrain führt ein Fußweg über A d f u r t nach H e u f e l d und G ö t t i n g nach dem Irschenberg. Eine halbe Stunde südwestlich von Maxlrain liegt die interessante Wallfahrtskirche W e i h e n l i n d e n, deren Besuch einen kleinen Umweg reichlich lohnt. Es befinden sich dortselbst mehrere Gedächtnistafeln aus den Zeiten der Franzosenkriege und der Sendlinger Bauernschlacht. Wer von dieser Seite den Irschenberg betritt, wird das Bedürfnis haben, auf dem kürzesten Wege über G r o ß = P i n z e n a u nach Thalham zu gelangen. In Pinzenau soll S c h e f f e l seine Bergpsalmen gedichtet haben. Der Ort ist außerdem berühmt durch die gleichnamige Burg, welche hier gestanden. War es doch ein Pinzenauer, der die damals bayerische Feste Kufstein gegen Kaiser Maximilian so heldenmütig verteidigte und im Jahre 1504 als Opfer bayerischer Treue gefallen ist.

XXVII.
Schwaben, Erding, Wartenberg, Taufkirchen, Dorfen.

Ein fast vergessenes schönes Gebiet altbayerischen Landes, vom Ausflugsverkehr ausgeschaltet und vielleicht gerade deshalb von besonderm Reiz, soll uns diesmal erschlossen werden. Schmucke, zwischen üppigen Saatfeldern und stillen Wäldern eingebettete Ortschaften, welche, unberührt von äußeren Einflüssen, ihren echt ländlichen Charakter bewahrt haben, erfreuen das Auge. Das Gebiet ist für den Fußgeher und für den Radfahrer gleich dankbar, nur müssen hiebei verschiedene Ausgangspunkte gewählt werden.

Die Touristen per pedes fahren mit dem Frühzuge ab Ostbahnhof nach Station Thann-Matzbach der Linie Schwaben-Dorfen und beginnen von hier den Marsch in der Richtung gegen Wartenberg über blühende Ortschaften, aussichtsreiche Höhen und Wälder. Die Bodenbeschaffenheit dieses Hügelrückengebietes wechselt mit vorgeschobenen Moränen und Einlagerungen großer Massen von übereinander gelagertem Geröll und Schotter, auf welchen nur langsam eine reichlich bewaldete, schwache Erd- und Pflanzendecke entstand. Fruchtbares Ackerland auf lehmhaltiger Unterlage bildet das Zwischenglied, welches westwärts von dem ausgedehnten Erdinger Moose mit seinen reichen Torflagern begrenzt wird. Unser Weg führt zuerst in genau nördlicher Richtung über Obergeiselbach und Malling nach Maierklopfen und über die hochgelegene Einöde Huberg durch Wald nach dem zwei Stunden entfernten Orte Eschelbach. Es ist eine prächtige Wanderung durch all diese kleinen Gemeinwesen. Nach eingenommener Stärkung in Eschelbach setzen wir unseren Weg fort, größtenteils auf gut betretenen Pfaden über Ferteln und durch das Köhlholz nach Klein-Hühndelbach und dem Wallfahrtsorte Maria Thalheim mit prächtiger Aussicht. Von hier gelangt man auf kürzestem Wege größtenteils durch Waldung nach Wartenberg, welches in weiteren drei Stunden ab Eschelbach erreicht ist. Die Ortschaften liegen so nahe aneinander, daß der Marsch sehr kurzweilig ist. Muntere Bächlein, Busch und Wald, duftige Wiesen, da und dort eine malerische Kapelle und ein schöngelegener Bauernhof begegnet uns auf Schritt und Tritt, sonst keine Menschenseele.

Der Markt Wartenberg hat eine schöne Lage und ist geschichtlich ein sehr denkwürdiger Ort. Dafür bürgen die nahegelegenen Römerschanzen und davon erzählt uns der Gedenkstein auf dem Burgberg. Das einstens hier gestandene Schloß Wartenberg spielte eine Rolle in der Geschichte des

bayerischen Regentenhauses. Schon im Jahre 1099 wird als
Grundherr Pfalzgraf Otto III. von Wittelsbach genannt. Im
16. Jahrhundert ist es der jüngere Bruder Herzog Wilhelm V.,
Herzog Ferdinand von Bayern, welcher mit Maria Petten=
beck, der schönen Gerichtspflegerstochter zu Haag, unter ge=
wissen Verzichtleistungen sich vermählte und hier seinen Wohn=
sitz nahm. Seine Nachkommen führten den Namen der Grafen
von Wartenberg. Die Ehe des Herzogs war mit 16 Kindern
gesegnet. Der letzte Sprosse dieses Stammes, Max Emanuel,
erstickte im 18. Jahre seines Lebens an einem Pfirsichkern
auf der Ritterakademie zu Ettal 1736. Im Schwedenkriege
wurde die Burg von Grund aus zerstört und war von diesem
Zeitpunkt ab dem Verfalle preisgegeben. Die gewaltigen
Laufgräben der Burg sind noch gut erhalten und eine kleine
Kapelle mit den Wappenschildern Wartenbergs ist der letzte
Rest der ganzen Herrlichkeit.

Auf halber Bergeshöhe zwischen Obstbäumen und kleinen
Häuschen stoßen wir auf eine Weinschenke, „zum Wein=
bauern" genannt. Die Wände der freundlichen Gaststube sind
mit allerlei ausgegrabenen Waffenteilen und Raritäten aus
dem Burgberg dekoriert. Wie man uns mitteilt, wäre bei
gründlicher Durchforschung auf ergiebige Funde zu rechnen.
Von den Höhen Wartenbergs überblickt man unzählige Ort=
schaften, das Erdinger Moos, das Ampertal und die Holledau.
Der Freisinger Domberg und sogar die Frauentürme Mün=
chens sind gut sichtbar. Ein kleines, viel zu wenig gewür=
digtes Mineralbad darf bei der Aufzählung der Sehenswürdig=
keiten Wartenbergs nicht unerwähnt bleiben.

Der Nachmittag neigt sich dem Ende zu. Um halb 6 Uhr
bläst der Postillon zum Aufbruch und gerne vertrauen wir
uns zur Abwechslung wieder einmal der alten trauten Post=
kutsche an, welche uns in gemütlichem Tempo, es eilt ja
nicht, nach Erding bringt. Wir haben unterwegs Zeit, uns
die Gegend mit Muße zu betrachten. Zuerst fesselt das hübsch
am Strogenflüßlein gelegene Frauenberg unser Interesse,
dann folgt Langengeisling rechts mit dem Blick auf
das schier endlose Erdinger Moos mit seinen vereinzelten
strohbedeckten graubraunen Häusergruppen. In unbestimmten
Farbentönen leuchtet die Ebene, Violett ist vorherrschend. Die

Sonne neigt sich dem Untergange. Schwermütig ist die Stimmung der Landschaft und doch unsagbar schön.

Endlich ist Erding, das Endziel unseres Wanderzuges, erreicht. Ein reizendes Landstädtchen, wie ihrer nicht viele im Umkreise Münchens zu finden sind. Wie der Spaten im Wappen Erdings uns verkündet, finden wir vor allem ein ackerbautreibendes und gewerbetätiges Bürgertum in seinen Mauern. Stadtmauern, Türme und Tore, welche noch heute gut erhalten sind, umgürten die Stadt. Ein Rundgang um den Wallgraben mit seinen hübschen Gärtchen, malerischen Bauwerken und gut gepflegten Anlagen ist genußreich und die breiten, mit stattlichen Gebäuden flankierten Straßen geben dem Städtchen ein ansehnliches Gepräge. Die schöne Pfarrkirche und das Schrannengebäude mit dem städtischen Museum sind sehr beachtenswert. Ein schattiger, schöngelegener Bierkeller fehlt auch nicht und vor der Stadt, anschließend an die Wallfahrtskirche zum hl. Blut, befindet sich ein ausgedehnter Stadtpark. Für die leibliche Stärkung vor der Abreise braucht uns nicht bange zu sein, denn an guten Gasthäusern ist kein Mangel. Und so verlassen wir denn Erding und das durchwanderte Gebiet mit dem letzten Bahnzuge und dem Bewußtsein eines schön verlebten Tages.

XXVIII.
Erding, Taufkirchen, Dorfen.

Radfahrern wäre zu empfehlen, mit dem ersten Frühzug nach Schwaben zu fahren und von hier die Tour anzutreten, um nicht allzu viel unnütze Zeit für interesselose Strecken zu vergeuden. Die Fahrt von Schwaben nach Erding geht auf guter Straße und über anmutiges Gelände dahin. Nach angemessenem Aufenthalt in Erding passieren wir die Orte Langengeisling, Berglern und Wartenberg. Hier Mittagsstation. Von Wartenberg geht die Fahrt wieder südwärts über Frauenberg nach Rappoldskirchen und Taufkirchen. Eine prächtige Fahrt mit abwechslungsreichen Bildern. Wenn wir in das Talbecken von Taufkirchen hinunterfahren, sind wir überrascht von der schönen Lage des Ortes. Ein prächtiges Schloß mit großem Teich, von gärtnerischen Anlagen umgeben, und eine gemütliche Bräuhausschenke laden zu kurzem Aufenthalte ein. Von Tauf-

kirchen führt uns wieder eine tadellose Straße zu dem End=
punkt unserer Fahrt nach dem freundlich gelegenen Markte
Dorfen. Durch die Häusergruppe am Rupertsberge ge=
winnt das im breiten Talbecken an der Isen gelegene Dorfen
ein stattliches Aussehen. Das gewerbliche Leben ist sehr rege.
Den Ursprung soll Dorfen von den drei Häusern dreier Brüder,
wie das Wappen zeigt, im Jahre 774 genommen haben.
Nicht unerwähnt darf bleiben, daß Dorfen in früheren Jahr=
hunderten eine bedeutende Zugkraft als Wallfahrtsort besaß.
1728 wallte Kurfürst Karl Albrecht mit seiner Gemahlin
Amalie zu Fuß von München nach Dorfen, welche Leistung
in Anbetracht des damaligen Zustandes der Straßen für die
allerhöchsten Gebeine eine sehr respektable genannt werden
muß. In demselben Jahrgange folgten, wie die Chronik Dor=
fens berichtet, an 100,000 Pilger dem Beispiele des frommen
Kurfürsten, für Altötting gewiß eine sehr fühlbare Konkurrenz.
Es läßt sich in Dorfen der Abend bis zur Heimfahrt samt
dem Stahlrosse mit der Eisenbahn in angenehmer Weise ver=
bringen. Diese Tour, deren Gesamtleistung für das Rad
64 Kilometer beträgt, wird jeden Teilnehmer vollauf be=
friedigen.

XXIX.
Baierbrunn. — Schäftlarn. — Icking. — Wol=
fratshausen. — Würmsee.

Von den größeren Tagestouren in das südliche Isartal
verdient die nachfolgende ihrer besonderen Schönheit wegen
festgehalten zu werden. Wir verlassen in Station Baierbrunn
die Eisenbahn und steigen den Talhang außerhalb des Gast=
hauses zur Post hinab. Der bekannte blauweiß markierte Weg
führt auf halber Höhe des Uferrandes durch prächtigen
Buchenwald mit Felsszenerien von alpinem Charakter in einer
guten Stunde nach Kloster Schäftlarn. (Ein zweiter Weg
mit schönen Aussichtspunkten führt am Höhenrande dahin und
ein dritter hart an der Isar nach dem gleichen Ziel. Der
letztere hat viele Steigungen; da er die Krümmungen der
Isar mitmacht ist er auch der weiteste. Kühler Waldesschatten
umfängt uns auf allen drei Wegen.) Nach etwa einer halben
Stunde von Baierbrunn ab zweigt ein schluchtiger Waldweg

nach links ab zur sog. Burg, ein von mächtigen Wällen um=
zogenes, am Steilrande aussichtsreiches Plateau, auf welchem
in grauer Vorzeit eine Burg gestanden haben soll. Der kleine
Umweg lohnt sich und man gelangt weiter südlich wieder auf
den vorher verlassenen Weg, wendet sich nun im Verlauf
desselben aufwärts zum oberen Weg am Felde entlang mit
der rechtsseitigen Aussicht auf Hohenschäftlarn und gelangt
die Straße nach Ebenhausen überschreitend auf eine kleine
Waldeslichtung zur Franzosengrabstätte, woselbst
französische Soldaten aus den Feldzügen von 1809 ihre letzte
Ruhestätte gefunden haben. Eine pietätvolle Hand hat ihnen
hier ein Denkmal gesetzt. Der Weg führt nun nach links
ab wieder fort, auf den sog. Kirchsteig zu dem Benediktiner=
stift Kloster Schäftlarn, dessen Entstehung bekanntlich
in das 8. Jahrhundert zurückreicht.

Nach kurzem Aufenthalt und nach Besichtigung der sehens=
werten Kirche, ein Werk des rühmlich bekannten kurfürstlichen
Baumeisters Cuvilliés, setzen wir unsere Tour auf dem sog.
Gregoriweg nach Icking fort. Dieser Weg führt vom
Sommerkeller der Klosterbrauerei direkt an dem bewaldeten
Hang der Isar entlang, ist gut markiert und mündet nach einer
halben Stunde in den Holzenergraben. Hier befindet sich eine
Wegtafel. Der rechts hinaufführende rot markierte Steig ist
zu vermeiden. Unser Pfad, anfänglich etwas undeutlich, führt
im Graben fort und wendet sich später links aufwärts. Auf
dem Höhenrücken passieren wir eine Waldlichtung, welche mit
einer Leguminosenart bestanden ist, deren prächtige goldgelbe
Blüten unsere Bewunderung erregen. Nach einer weiteren
Viertelstunde senkt sich der Weg und führt nun stets am
Waldsaume fort bis nach Icking (ab Schäftlarn eine Stunde).
Das zwischen Baumgruppen stehende Ickinger Kirchlein ist
von hohem Alter, wie seine ganze gedrungene Bauart er=
kennen läßt. Die ganze Umgegend von Icking wird von
Heimatforschern, auf Grund mannigfacher Funde, in vor=
römischer Zeit als stark besiedelt bezeichnet. Ein Besuch des
Deutschen Museums in München belehrt uns ganz genau,
von welcher Beschaffenheit die Behausungen unserer Urahnen
gewesen sind, und wir wissen nicht, was wir mehr bewundern
sollen, diese alten Heimstätten unserer Altvordern oder die
Vorstellungskraft unserer Zeitgenossen. — Außerhalb des

freundlichen Ortes Icking, rechts ab von der Staatsstraße, zieht sich ein Sträßchen auf die Walchstätter Höhe hinan, hier genießt man eine großartige Alpenansicht. Ein Gasthaus mit Terrasse und Aussichtsturm ladet zum Besuche ein. (Von hier kann man auch über das kleine alte Dorf Walchstadt auf markierten schönen Waldwegen über Mörlbach in drei Stunden nach Percha und Starnberg gelangen. Schattenlos und weniger dankbar sind die Übergänge über Farchach oder Bieberkor in zwei Stunden nach Berg oder Aufkirchen.) Wir wenden uns jedoch in südöstlicher Richtung auf einem Feld=

Icking.

weg und durch ein Wäldchen wieder der Wolfratshauser Staatsstraße zu und gelangen nach 10 Minuten auf den hier links abzweigenden, durch eine Tafel bezeichneten sog. Schle= derleitenweg, einen köstlichen schattenreichen Pfad mit wunderbaren Fernblicken auf das große Talbecken der Loisach und Isar, welcher uns in einer Stunde ab Icking nach Wol= fratshausen führt. Vom Viadukt der Bahn zieht sich noch ein zweiter schmaler Wiesenweg rechts ab direkt auf den Höhenrand an einigen ganz versteckt gelegenen Land= häusern vorüber. Im Verlauf dieses Gangsteiges gelangt man zu einem Treppenweg, welcher direkt in das Tal und mit dem ersten Wege sich vereinigend nach Wolfratshausen führt.

Direkt an der Isar ab Icking führt ein zweiter Fußweg zum gleichen Ziele, jedoch ist derselbe wegen einiger sehr bedenklicher Stellen nur geübten Alpinisten anzuraten. Bei dem Anblick all dieser Naturschönheiten wird uns der Entdecker der neuen Schönheitslinien, ein in den weitesten Kreisen bekannter Soziologe, gewiß in toleranter Weise verzeihen, wenn uns die hier und auch anderwärts entrollten Landschaftsbilder besser gefallen als seine viel gerühmten Riesenfabrikschornsteine, Eisenbahnbrücken und Gasometer.

Isartal bei Wolfratshausen.

In Wolfratshausen halten wir Mittagsrast und nehmen etwas längeren Aufenthalt. Der freundliche Markt, mit seiner charakteristischen, schon etwas an Tölz erinnernden Bauart, verdient wohl näher unter die Lupe genommen zu werden. Am Nordende der langgestreckten Marktstraße erhebt sich der Schloßberg mit mächtigen Wällen und gibt Zeugnis von der Größe und Bedeutung der schon im 10. Jahrhundert wohlbefestigten Burg, von welcher selbst jeder Rest verschwunden ist. Die Grafen von Wolfratshausen lagen oft in mächtiger Fehde mit den bayerischen Herzogen und 1145 berannte kein geringerer als Kaiser Friedrich I., der Rotbart, die Burg mit Erfolg. 1648 wurde sie durch die Schweden stark beschädigt und 1734 durch eine Pulverexplosion gänzlich zerstört. Der Markt besitzt in Konrad Nantwein einen Ortsheiligen, welcher 1286 den Feuertod infolge falscher Beschuldigung erlitt. Seine Wohnstätte, sowie der Kerker, in welchem er geschmachtet haben soll, ist noch heute zu sehen und der Erinnerung erhalten. Der große Holzhandel, welcher in früherer Zeit hier betrieben wurde, hatte eine rege Floßfahrt an der Loisach und Isar zur Folge. Den Münchnern waren die kernigen und urwüchsigen Gestalten der Flößer von jeher sympathisch. Nach gründlicher Stärkung — denn an Braustätten, an bürgerlichen Gasthäusern und schönen Kellern ist hier kein Mangel — steigen wir den Kalvarienberg hinan, erfreuen uns noch einmal des schönen Rückblickes und treten den $2^1/_2$ stündigen Übergang nach dem Würmsee an (der schönste von allen, etwa mit Ausnahme des weiter südlich gelegenen Überganges Beuerberg=Hohenleiten=Seeshaupt). Der markierte Weg führt zuerst über eine Wiese und dann an einem Heustadel vorüber in lichten Laubwald und ist größtenteils schattig. Hübsche Ausblicke und der kleine Buchsee bringen Abwechslung in die Strecke, rechts lassen wir Höhenrain und links Münsing liegen. Tritt man aus dem Gehölz, so taucht der Bismarckturm vor uns auf, welchen man in einer guten Viertelstunde erreicht. Nachdem wir dieser hohen Warte unseren Tribut gezollt, geht's über die Rottmannshöhe hinab an die Gestade des immerschönen Würmsees und in Leoni vertrauen wir uns nach angemessener Rast dem Dampfboot an, das uns nach Starnberg bringt; die Herrlichkeit des Tages hat somit ihr Ende erreicht.

* * *

Wer die Schönheit des südlichen Isartals genießen will und verfügt nur über einen halben Tag, der fährt am besten direkt nach Ebenhausen und wandert von hier über Schäftlarn auf dem schon erwähnten Gregoriweg nach Icking und auf die Walchstätter Höhe (wenn ein aussichtsreicher Tag ist) und geht gegen Abend auf dem einzig schönen Höhenweg über Irschenhausen nach Zell zurück, woselbst man in der aussichtsreichen Wirtschaft oder in Ebenhausen den Abend bis zur Heimfahrt angenehm verbringt. Zeitdauer dieser Route 2½ Stunden. Für Radfahrer gibt es in diesem Gebiete eine große Anzahl schöner Touren; die dankbarste dürfte jedoch sein: Baierbrunn = Wolfratshausen = Münsing=Ammerland, und um den See nach Starnberg, Mühltal, Gauting, München — 72 Kilometer.

XXX.
Von München über Schleißheim nach Maisteig, Kranzberg, Freising und Neufahrn.

Zu diesem an interessanten Eindrücken reichen Wanderzug in das nördliche Gebiet Münchens wollen wir einmal zuerst dem Radfahrer das Wort geben. Geringe Steigungen, gute, ziemlich automobilreine Straßen und köstliche Ausblicke von den Höhenzügen des sanft gewellten Terrains erwarten uns. Was die Verpflegung betrifft, so werden dem Touristen für eine Nußschale voll Kaffee nicht 25 Pfg. und für die Miniaturausgabe eines sog. Bratens einschließlich drei Blättchen Salat nicht 90 Pfg. abgeknöpft wie in so manchen vom Fremdenverkehrsverein besungenen südlich von München gelegenen Ausflugspunkten.

Wir fahren frühzeitig fort und wählen die Straße über Schleißheim, um durch die prächtige Lindenallee mit ihren zottigen Schattenspendern nach Unterschleißheim und Lohhof zu gelangen. In Maisteig ist der erste Höhenzug bei Kilometerstein 20 erreicht. Ein schattiger Hohlweg führt empor an einem mächtigen Kiesbruch vorüber, welcher einen Einblick in ein gewaltiges Stück sedimentärer Bildung der Erdrinde gewährt. Nachdem wir Deutenhausen im Rücken haben, senkt sich die Straße hinab in das breite Ampertal. Wir fahren rechts ab über Nöbach, Eisenbach und Gesselhausen nach Kranzberg, wahrhaft ländliche Orte von ursprünglicher Einfachheit.

Kranzberg ist der erste Ruhepunkt unserer genußreichen Fahrt. Es gleicht einem Dornröschen unter den Amperorten. Seine Lage ist reizend, Badegelegenheit, schöner Hochwald, aussichtsreiche Anhöhen und göttliche Ruhe. Kranzberg war unter den bayerischen Herzogen und Kurfürsten bis 1802 der Sitz einer eigenen Gerichtsbarkeit, und die Chronik berichtet von gruseligen Prozessen in grauer Vorzeit, worunter das

Schicksal des letzten Grafen von Massenhausen eine nicht geringe Rolle spielt. Auf dem stillen Friedhof der hoch gelegenen Kirche finden wir die alten Grabsteine der Pfleger und Gerichtsschreiber des Ortes. Die Kranzberger hatten also ihren eigenen Galgen, und wenn die damalige Generation stolz darauf war, so sollte es die heutige auf ihre prächtige Linde sein: ein riesenhafter Baum unweit der Kirche, dem jedoch bald ein Windstoß den Garaus machen dürfte, wenn sich die Gemeinde seiner nicht erbarmt und den zerklüfteten und ausgebrannten hohlen Stamm vermauern läßt. Das alte Gerichtshaus mit seinem massigen Eckturm ist ein stattliches Gebäude, hinter seinen dicken Mauern wird jetzt über keinen armen Sünder der Stab mehr gebrochen, in der einstigen Gerichtskanzlei mit ihren wuchtigen Säulen und Stuckornamenten sitzen jetzt die biervertilgenden Epigonen einer längst entschwundenen Zeit. In Mitte des Ortes erhebt sich ein nach oben abgeplatteter Hügel, auf welchem früher eine Burg stand. Von der luftigen Höhe des Burgstalls genießt man eine wahrhaft entzückende Aussicht nach allen Richtungen. Stundenweit sieht man den Lauf der Amper und von den Höhen und Tälern grüßen inmitten wogender Saatfelder freundliche Ortschaften.

Nun schlagen wir die Richtung nach dem 10 Kilometer entfernten F r e i s i n g ein. Die Straße zieht sich in hübschen Kurven durch den mit mächtigen Tannen und Eichen bestandenen Kranzberger Forst, nach dessen Verlassen wie durch einen Zauberschlag F r e i s i n g vor uns liegt. Die Straße fällt und wir gelangen rasch durch die Ortschaften B a c h e n und D ö t t i n g in das Herz der alten Bischofsstadt. Freising ist eine Stätte großer geschichtlicher Vergangenheit und es darf wohl gesagt werden, daß fast jeder Zoll seines Bodens historisch ist. Die Gründung des Bistums erfolgte durch Bonifazius im Jahre 724 n. Chr. Es kann nicht unsere Aufgabe sein, alle Denkwürdigkeiten Freisings aufzuzählen. Dieses hat Dr. S i g h a r t in seinen Werken über Freising und dessen Umgebung mit großer Liebe und Hingebung getan. Nur in kurzen Zügen wollen wir unseren Rundgang skizzieren, zuerst jedoch unsere Räder in Sicherheit bringen und für des Leibes Atzung sorgen. An guten Gasthäusern alten soliden Schlages ist kein Mangel. Die lebhafte Stadt hat schmucke, anheimelnde, alte Häuser, von denen jedes nach Zweck und Verwendung

Freising, Domberg.

ein anderes Gepräge zur Schau trägt. Der von mächtigen Bäumen umrauschte Dom auf dem Berge gleichen Namens ist reich an Denkmälern der Kunst und des Glaubens. Das innere romanische Portal mit den Kapitäldarstellungen Friedrich Barbarossas und Bischof Alberts, die Grundmauern der Kirche, sowie die Krypta entstammen dem 11. Jahrhundert. Das Innere des Domes wurde 1727 verzopft, obgleich manche Perle der Renaissance darunter ist. Im rechten Seitenschiff sehen wir den Grabstein des Bischofs Gerhart aus dem Jahre 1231. In der ehrwürdigen Krypta befinden sich die Grabstätten des hl. Korbinian, Lambert u. a. Das größte Aufsehen erregt die Mittelsäule mit der Darstellung der Sigurdsage aus dem Nibelungenlied, wie angenommen wird. Einen großen Bilderschatz und Werke der christlichen Kunst birgt die anstoßende Johanniskirche und die bischöfliche Residenz, desgleichen die Benediktinerkirche. Von der Loggia des Domhofes schweift der Blick über Südbayern, bis zu den schwachen Konturen der Alpenkette. Ein Spaziergang an den Ufern der Isar endigt in eine schöne Promenade, von deren Endpunkt man nach Neustift gelangt. Von den baumgeschmückten Steilhängen genießen wir hier eine prächtige Aussicht auf die Stadt.

Und nun nach Weihenstephan hinauf, dem Sitz der landwirtschaftlichen Akademie und ehemaligen Benediktinerkloster. Einen angenehmen Aufenthalt bietet die Terrasse des Lindenkellers. Es wird auch Kaffee dortselbst verabreicht, was manchem Fremden willkommen sein mag. Rasch sind die Stunden unseres Aufenthaltes verflogen und wir müssen uns zur Heimfahrt rüsten. Auf der Münchner Straße gelangen wir nach 10 Kilometer langer Fahrt über Grüneck nach Neufahrn. Rechts am Wege unweit Freising steht eine einfache Steinpyramide, deren Inschrift uns besagt, daß hier der edle Graf von Abensberg seinen Tod gefunden. Ein dunkles Blatt der bayerischen Geschichte berichtet uns, daß der Abensberger hier einem Racheakt Herzog Christoph des Kämpfers zum Opfer fiel. Die Gegend um Neufahrn bietet wenig Reize. Ungemein interessant in kunsthistorischer sowie kulturgeschichtlicher Hinsicht ist die alte Pfarrkirche mit ihrem mächtigen Sattelturm. Die Verehrung der hl. Wilgefortis, im Volksmunde Kümmernis genannt, kommt hier sehr intensiv zum Ausdruck. Es handelt sich um ein byzantinisches Christusbild in weiblicher Gewandung. Acht große auf Holz gemalte Tafeln aus dem 15. Jahrhundert machen uns mit den unglaublichsten Wundergeschichten der Kümmernis=Legende bekannt. Die Kirche gleicht auch aus anderen Gründen einem Museum der unbegrenzten Möglichkeiten und ist eine Fundgrube für Altertumsfreunde und Historiker.

Von Neufahrn kann man mit Benutzung der Eisenbahn oder per Rad an der von den Botanikern gerühmten Garchinger Heide vorüber nach München gelangen. Gesamtleistung ·75 Kilometer. Fußgängern wäre zu raten, mit dem ersten Frühzug nach Lohhof zu fahren und von hier die gleiche Richtung mit den Radlern einzuschlagen bis Nöbach. Von Nöbach zweigt ein Fußpfad nach dem hochgelegenen Weng ab, von hier verfolgt man die Straße über Klein=Eisenbach nach dem malerisch an der Amper gelegenen Thurnsberg, um auf Fußwegen durch Busch und Au nach Kranzberg zum Mittagtisch zu gelangen. Von Kranzberg durch den Forst nach Freising haben wir etwa 2½ Stunden. Es dürfte sich dort ein gewisses Ruhebedürfnis einstellen, was aber niemand aufhalten sollte, das Nötigste zu besichtigen, bis die Bahn nach München führt.

XXXI.

Feldkirchen — Aschheim — Ismaning — Auenweg — St. Emeran — Bogenhausen.

Um einen lohnenden Tagesausflug in dieses jungfräuliche Terrain zu wagen, müssen wir, den Notfall ausgenommen, auf die Bahnlinie verzichten. Fahren wir mit dem Morgenzuge nach Station Feldkirchen der Simbacher Linie ab Ostbahnhof und wenden uns von dem stattlichen Ort auf guter Straße nach dem $1/2$ Stunde entfernten Aschheim, einem großen, freundlichen Dorf. Hier hielt, wie urkundlich festgestellt ist, im Jahre 763 Herzog Thassilo II. mit seinem Heerbann und seinen Getreuen einen feierlichen Landtag. Er wird wohl über die etwas unsicheren Grenzen seines Landes beraten und die Steuerfrage ventiliert haben. In der Kirche sehen wir einen Denkstein, welcher an St. Emeran gemahnt, der hier eine Zeitlang begraben war. Auf der westlichen Seite des Dorfes ist ein kleines Tannengehölz und zehn Minuten weiter östlich ladet ein schöner Eichenhain zu angenehmem Aufenthalt ein.

Wir wenden uns nun in nördlicher Richtung der Straße nach Ismaning, dem forellenreichen Mühlbach entlang und kommen an mehreren teils alten und teils neu erbauten Mühlen vorüber. Bei der zweiten, der Görgmühle, schlagen wir beim Feldkreuz den links abzweigenden Fußweg ein, der lang von Mühle zu Mühle führt. Es ist eine sehr kurzweilige und anmutige Wanderung. Bei der vierten, der Graffermühle, ist es, da hier die Wiese sumpfig wird, ratsam, das rechts laufende Sträßchen zu gewinnen, welches uns in zehn Minuten zur fünften sogenannten hinteren Mühle führt. Hier schlagen wir das östlich abzweigende Sträßchen ein, von welchem etwa nach hundert Schritten wieder ein Wiesenpfad links ab direkt durch das Moos und durch ein Föhrenwäldchen auf einem allerliebsten Weg nach Ismaning führt. Blühendes Strauchwerk und besonders viele Heckenrosen verbreiten einen köstlichen Duft. Von der Waldspitze führt ein Steg über ein klares Bächlein, neben welchem wir in schnurgerader Linie auf unser Ziel lossteuern. Kurz vor demselben erreicht man auf einem nach links führenden Weg die Straße nach Ismaning, welches in $2^{1}/_{2}$ Stunden ab Feldkirchen erreicht wird.

Ismaning ist ein großes, hübsch angelegtes Dorf. Die durchwegs sauberen Häuschen stehen nicht in Parade, sondern in malerischer Unordnung. Ismaning war ehedem Sitz einer reichsunmittelbaren Grafschaft und gehörte viele Jahrhunderte den Bischöfen von Freising. In der neuerbauten Kirche befindet sich ein alter, gut erhaltener Marmorgedenkstein, welcher darauf hinweist. — Von besonderem Interesse ist das Schloß mit seinem lauschigen Parke, welcher jedoch nicht allgemein zugänglich ist. Still und verträumt steht der einfache, aber würdige Bau, welcher einstmals glanzvolle Tage gesehen, inmitten wohlgepflegter Anlagen. Die schweren Tritte der Leibgardisten sind verhallt und auf den zierlichen Kieswegen wandeln jetzt der Genesung harrende Rekonvaleszenten. Bei einem Rundgang durch den Park, unter dessen mächtigen Baumkronen sich einstens der Glanz des Hoflebens entfaltete, machen wir vor einer Blutbuche Halt; sie wurde von der Hand Napoleons I. gepflanzt bei Gelegenheit seines zweitägigen Aufenthalts in der Sommerresidenz des Prinzen Eugen Beauharnais und nachmaligen Herzogs von Leuchtenberg, einem Stiefsohn Napoleons, welcher sich mit Prinzessin Auguste, einer Tochter König Max I., vermählte. In dem schmucken Gärtchen eines der besseren Gasthäuser Ismanings halten wir Mittagsstation und treten des Nachmittags den Rückweg nach München durch die Auen an. (Bei Eintritt schlechter Witterung bietet sich Gelegenheit zur Heimfahrt auf der neuen Bahnlinie. Man berührt hierbei die Orte Johanneskirchen mit hübschem Kirchlein und das rennsportbekannte Daglfing.) Als marschtüchtige Naturfreunde gehen wir vorerst auf der Landstraße bis zu dem eisernen Kreuze, welches an die Leuchtenberger gemahnt, und wenden uns sodann in südwestlicher Richtung auf einem Feldsträßel einer Lärchengruppe zu, bei der ein kleines Häuschen steht, von welchem längs des Hanges der Auenweg sich hinzieht. Dieser Fußpfad bietet abwechslungsreiche Bilder. Große Terrassen mit saftgrünen Wiesen, deren Ränder mit mächtigen Baumgruppen flankiert sind, wechseln mit lauschigen Laubgängen. Teilweise windet sich der Weg an dem Hang entlang und teilweise durch Jungholz. Es ist verboten und nicht ratsam, vom Wege abzuweichen, denn die Auen selbst sind ein geschütztes Jagdgebiet. Manch mäch-

Johanneskirchen.

tiger Raubvogel schwebt über diese einsamen Gründe und mancher Rehbock wird hier zur Strecke gebracht. In den zahlreichen Wassertümpeln haust allerlei Getier. Nachdem wir diesen Weg eine gute Stunde verfolgt, kommen wir nach Unterföhring, dessen einzelne Häusergruppen durch das Buschwerk am Hang sichtbar werden. Nach einer weiteren halben Stunde ist die Isarbrücke erreicht. Wir gehen unter derselben hindurch. Rasch setzen wir unseren Weg nach St. Emeran fort, welches wir in zwei Stunden ab Ismaning erreicht haben. Nach längerer Rast in dem idyllischen Gärtchen der durch ihren Fischreichtum bekannten Mühle wandern wir durch die Auen heimwärts. Von der Höhe grüßt das den alten Münchnern ans Herz gewachsene Oberföhring herab. Der aussichtsreiche, große, schöne Wirtsgarten wurde von unseren Vorfahren besser gewürdigt als von der heutigen Generation.

Eine Variante dieser Tour ist Herzogpark — St. Emeran — Auenweg — Ismaning — Übersetzung der Isar — Schleißheimer Kanal entweder nach Schleißheim, 2 Stunden, oder an dem mit Buschwerk bewachsenen Dammweg des südlichen Kanals über die alte, gut bewirtschaftete Floriansmühle mit schönem Garten oder zum Aumeister und über die Wiesen zur Haltestelle des Schwabinger Friedhofes, ab Ismaning 3 Stunden.

für eine Radtour in dies Gebiet ist ein halber Tag genügend und es empfiehlt sich die Route Riem, Aschheim, Ismaning, Unterföhring, St. Emeran und von hier Radfahrweg nach München retour zu nehmen; 34 Kilometer.

XXXII.
Dachauer Moos.

Ein Ausflug ins Moos gilt wohl bei der überwiegenden Mehrzahl von Touristen als ein bedenkliches Beginnen. In scheinbar trostloser Einförmigkeit dehnt sich die weite Ebene vor unseren Blicken aus. Der Horizont weitet sich bis zu den schwachen Konturen fernliegender Höhenzüge und dennoch übt diese offen vor uns liegende Riesenfläche auf den gründlichen Beobachter und wahren Naturfreund eine Anziehungskraft aus, birgt sie doch ein ganz eigenartiges Vegetationsbild und gewisse landschaftliche Reize. Claude Lorrain, Morgenstern, Zwengauer und mit ihnen viele bedeutende neuere Meister, es seien nur Lier und Wenglein genannt, haben Stimmungsbilder geschaffen, welche das Sehnen in uns wachrufen, dieses beredte Schweigen der Natur mit seiner bodenständigen Tier= und Pflanzenwelt und die großartigen Beleuchtungseffekte in Wirklichkeit zu schauen.

I.
Tagestour von **Gröbenzell** über **Graßlfing**, **Geiselbullach**, **Eisolzried** und **Bergkirchen** nach **Dachau**.

Verlassen wir in Station **Gröbenzell** den Frühzug, so befinden wir uns auf einsamem Gebiet. Einige „wasserdichte Moosenthusiasten" haben sich in diesem Eldorado für Melancholiker bereits angesiedelt und bebauen ihr Stück Feld mit eisernem Fleiß im Schweiße ihres Angesichts. Nach Überschreitung des Geleises wenden wir uns in gerader Richtung auf einem anfangs befahrenen Fußwege an einigen Kolonistenhäuschen vorüber in das uns interessierende Gebiet der Mooslandschaft. Schwankender Moorboden wechselt mit starkem Graswuchs, auf welchem sich in rascher Folge Föhren, Zwergbirken und knorrige Weiden bald in dichten Beständen bald in vereinzelten Gruppen vorfinden. Der nach einer Viertelstunde nach links abzweigende Pfad verengt sich immer mehr,

Dachauermoos.

wahre Prachtexemplare grotesk gestalteter Kiefernstämme schieben sich vor. In buntem Farbenwechsel leuchtet stellenweise die von Insektenschwärmen umsummte Flora und manche Alpenpflanzen treten hier in erstaunlicher Menge auf, so z. B. begegnen wir Gentiana Acaulis, Primula Auricula, Primula Farinosa und der prächtigen Pedicularis. Bunte Falter hängen an den Blütenkelchen und die schillernden Libellen wiegen sich im Sonnenglanze über den Wassertümpeln und Moorgräben, in welchen die Zoologen manch seltene Molluskenarten zu finden wissen. Geologisch interessant ist das mächtige Kalktufflager, welches gleich einer Insel zwischen Lochhausen und Graßlfing eingelagert ist.

Das Bild ändert sich, der Blick wird weiter, muntere Rehe und Hasen jagen über die Heide oder stehen in Gruppen beisammen, die Rohrdommel im nahen Röhricht läßt ihre eigentümlichen gurgelnden Lockrufe ertönen und da und dort sieht man Kibitze mit gellendem Geschrei in den Lüften kreisen. Auf den Jäger übt namentlich das Birkhuhn eine besondere Anziehungskraft aus. In dem folgenden Bereich der Torfstiche erkennen wir die verschlammten und zur festen Masse verfilzten Reste der Vegetation von einstigen Süßwasserbecken, deren Bildung mit großer Wahrscheinlichkeit bis zu dem Ausgang der letzten Eiszeit zurückreicht. Viele Moospfade laufen nach rechts und links auseinander, wir halten uns jedoch stets in gerader Richtung, um nicht in die Gefahr zu laufen, durch einen Wassergraben den Weg versperrt zu finden. Nach einer guten Stunde tauchen unter prächtigen Baumgruppen die Wirtschaftsgebäude des Staatsgutes Graßlfing vor uns auf und in weiteren zehn Minuten stehen wir vor der Amper, die mit italienischen Pappeln flankierte Ortschaft Geiselbullach nebst Schloß ist erreicht. Hier wollen wir Einkehr halten, denn hier haust ein Wirt von dem Stamme der Franken, welcher versteht, aus den vierfüßigen Borstentieren Scrofa Domestica vortreffliche Leckerbissen zu bereiten. Behufs des Studiums dieser naturwissenschaftlichen Spezies verirren sich fast allsonntäglich einige Herren aus der Stadt mit festen Stiefeln hierher unter dem Vorwande, den Aktenstaub von sich abzuschütteln und frische Luft zu kneipen. — Prähistoriker dürfte noch interessieren, daß sich unweit am Leberberg keltisch-germanische Gräberfelder befinden, in welchen 1873 zahlreiche Gebeine, Urnen und Waffen gefunden wurden. Von Geiselbullach an der Kapelle vorüber zieht sich ein Sträßchen nach dem eine weitere Stunde entfernten freundlich gelegenen Eisolzried mit einem dereinst im Besitze des Geschlechtes der Eisenhofer befindlichen Schloßgute. Hier steht eine noch kerngesunde kraftstrotzende Rieseneiche von außergewöhnlichem Umfang, wohl eines der größten, ältesten und schönsten

Exemplare in Bayern. In Eisolzried winkt ein Gasthaus mit schattenspendenden Bäumen, hier ist Zeit zur Mittagsrast. Das Moos ist überquert, die Höhenzüge steigen an und große stattliche Gehöfte lassen auf einen guten Ackerboden schließen, ein Blick auf die Fluren belehrt uns dessen ohnehin. Das Bauernhaus des Dachauer Bezirkes ist in der Regel isoliert von den Wirtschaftsgebäuden angelegt, es ist zwar freundlich, aber allzu anspruchslos, während die Stallungen und Tennen sich getrennt und nur in zweckentsprechender Nüchternheit präsentieren im Gegensatze zu den Höfen des südlichen Altbayerns, in welchen beides vereint in schmucker Bauform mit breitem First und holzgeschnitzten blumengeschmückten Lauben (so heißen die Altanen) sich zeigt.

Von Eisolzried führt ein anmutiger Weg längs des Hügelrückens der munteren fischreichen Maisach entlang nach dem eine halbe Stunde entfernten Bergkirchen, das mit seiner weithin schauenden Kirche dominiert. Die Aussicht von dieser hoch gelegenen Warte ist sehr bedeutend. In einer Seitenkapelle der Kirche befindet sich ein interessantes altes Altarbild, dessen Besichtigung von Kennern nicht versäumt werden sollte. Von Bergkirchen erreichen wir auf dem kürzesten Wege über Mitterndorf, dem Flüßchen entlang, in einer Stunde den Markt Dachau. Unterhalb Bergkirchen liegt Feldgeding. Wenn es die Zeit erlaubt, ist der eine halbe Stunde längere Umweg über Facha und den nördlich gelegenen waldigen Hügelrücken, welcher sich über Breitenau nach Dachau hinzieht, der köstlichen Aussicht und dem Bedürfnis nach Waldesschatten wegen anzuraten. Über Dachau haben wir an anderer Stelle schon berichtet. Es erübrigt nur, des einigermaßen restaurierten Schlosses zu gedenken, welches eine ganz artige Bildergalerie mit den besten Namen Dachauer und anderer Künstler aufweist und im Erdgeschoße des Bezirksmuseums nicht zu vergessen mit seinen geschichtlich interessanten Ansichten, der gut gelungenen Schnitzarbeit einer Bauernhochzeit, schönen Originaltrachten und sonstigen Raritäten, auch solchen aus der Schweden- und Franzosenzeit. Nach einem Besuch des nunmehr wohlgepflegten Schloßgartens läßt sich in einem der schattigen Bierkeller der Tag mit Wonne beschließen.

II.
Aubing, Lochhausen, Geiselbullach, Olching.

Das stattliche Pfarrdorf Aubing, ehemals eine Niederlassung des Klosters Tegernsee unter dem Namen Ubingum und später dem Kloster Ettal gehörig, ist der Ausgangspunkt dieser Route. In nordöstlicher Richtung von Aubing erhebt sich der bewaldete, durch seine reichen prähistorischen Funde bekannte Moränenhügel Faistenlohe, an dessen Rändern sich mächtige Sand- und Tonlager vorfinden. Nach Durchquerung des hochstämmigen Forstes in nördlicher Richtung gelangen wir nach einer kleinen Stunde in das Dorf Lochhausen, das einstige Loh-husa (Lohe ist mit Wald identisch). Von hier gehen wir eine Viertelstunde auf der rechten Seite des Bahnkörpers entlang und wenden uns dann rechts auf einem Fußweg durch das Moos an einigen menschlichen Behausungen vorüber, deren bauliche Zustände originell genannt werden müssen. In 1½ Stunden gelangen wir auf diesem Wege ebenfalls nach Geiselbullach. Verweilen wir hier, bis der Abend winkt, so erreichen wir auf einem Moossträßchen etwa in drei Viertelstunden Olching. Hierbei haben wir Gelegenheit und Zeit, den Sonnenuntergang und die Beleuchtungseffekte der Mooslandschaft zu bewundern. Das große Dorf Olching ist eines Besuches wert und man kann hier in Behaglichkeit die Heimfahrt erwarten. Als dritte Tour wäre zu erwähnen die Route Gröbenzell-Geiselbullach eine Stunde, Gernlinden-Maisach zwei Stunden und Bruck an der Amper eine Stunde. Radfahrer schlagen am besten die Richtung Dachau-Bergkirchen-Palsweis ein und gelangen von dort über das hochgelegene Überacker-Maisach und Bruck nach München retour. 68 Kilometer.

XXXIII.
Pasing — Gröbenried — Dachau.

Eine sehr beachtenswerte Tour durch das Moos bildet die Route Pasing, Gröbenried, Dachau; dieselbe kann auch an einem Nachmittag durchgeführt werden.

Von Pasing beginnt die Wanderung in nördlicher Richtung der Würm entlang über Pipping mit seiner althistorischen gotischen Kirche in anmutiger Landschaft; diesem folgt das

Olching.

einstige Herzogschlößchen und nunmehrige Kloster Blutenburg Hier weilte Herzog Sigmund oft und gerne. Zu den Zeiten König Ludwig I. war ein Wirtschaftsbetrieb mit der geheiligten Stätte verbunden und hier war es, wohin sich Lola Montez, die Favoritin des Königs, nach ihrer Verfolgung von München zuerst flüchtete unter dem Schutze eines Studentenkorps. Von Blutenburg führt das Sträßchen weiter über Ober= und Untermenzing, vorüber an malerischen Mühlen, bis All a ch. Bequemere Touristen benützen bis hierher die Bahn. Bei dem ersten Häuschen von Allach zweigt links ein Fußweg ab durch ein kleines Gehölz und führt dann in das Moos, welches in seiner ganzen Ausdehnung vor uns liegt. Der Fußweg führt weiter nordwestlich bis zum Krebsbach, an welchem wir nordwärts nach dem Weiler Gröbenried gelangen. Hier vereinigt sich der Krebsbach mit dem Gröbenbach, an dessen Ufer ein lauschiger Wald den Wanderer aufnimmt, in dessen Verlauf wir an der Schießstätte vorüber auf angenehmem Weg in $3^1/_2$ Stunden ab Pasing Dachau erreichen.

XXXIV.
Waldspaziergänge.
1. Holzapfelkreut — Forst Kasten — Stockdorf Freiham.

Die Trambahn bringt uns rasch zur waldumrauschten Stätte des ewigen Friedens. Wir wandern an der Friedhofmauer in südlicher Richtung entlang und bald nimmt uns ein Fußweg auf, welcher in südöstlicher Richtung durch schönen Hochwald führt. Nach einer Stunde und nach Überquerung des Haderersträßls gelangen wir an die Neuriederstraße. Von dieser führt uns rechts unweit des Transformatorenhäuschens ein Weg in den der Stadtgemeinde München gehörenden Forst Kasten, einer alten segensreichen Stiftung des Hl. Geistspitales. Aktenmäßig wird dieser 1726 Tagwerk große Waldkomplex schon im 12. Jahrhundert erwähnt. Wenn wir durch seine Reviere streifen, gewahren wir noch alte moosüberdeckte Grenzsteine mit dem Merkzeichen eines Kelches von altchristlicher Form.

Es ist eine wahre Freude für den Kenner, einen Forst zu betreten, welcher sich so sorgsamer Pflege erfreut. Weit über hundertjährige Bestände wechseln mit jungen Kulturpflanzungen der verschiedensten Coniferenarten, unter denen auch die schöne aber wegen ihres Holzes nicht sehr geschätzte Weymuthskiefer und die Arve nicht fehlt. Der Weg führt uns bald an eine Waldblöße, dem sog. Jägerstern, in dessen Mittelpunkt mehrere Geräumte zusammenlaufen. Wir schlagen nun das schönste unter ihnen, das Klaußnergeräumt (früher Kastengeräumt) ein, jetzt so benannt nach dem in den weitesten Kreisen hochgeschätzten Forstmanne Oberforstrat Klaußner, welcher sich um die Neuvermessung und Regelung der Verhältnisse und der Rentabilitätserhöhung dieses Forstes Verdienste erwarb. — Der historischen, von Kaiser Karl VII. errichteten, Preysingsäule am südöstlichen Ende des Forstes wurde in diesen Aufzeichnungen schon an anderer Stelle Erwähnung getan. Wir gelangen nun auf dem Klaußnergeräumt, welches durch prächtige Waldpartien führt, in schnurgerader Richtung in $3/4$ Stunden zu dem idyllisch gelegenen Forsthaus. Unter den breitästigen Kastanien des Wirtsgartens ist gute Einkehr zu halten. — Von hier geht es ein halbes Stündchen zuerst durch Wald in nördlicher Richtung und dann über Wiesen quer durch das Würmtal auf einem Strätzchen nach Stockdorf. Auf sanfter Anhöhe liegt die Waldrestauration zum Wilhelm Tell. Es ist köstlich des Nach= mittags, wenn die Sonne im Westen steht und gegen Abend am Rande des Abhanges das beruhigende und einfache Land= schaftsbild des Würmtales auf sich wirken zu lassen. Bei der Haltestelle Stockdorf überschreiten wir die Bahnlinie, be= treten den gegenüberliegenden Wald und wenden uns hinter der letzten Villa rechts ab geradeaus in nördlicher Richtung durch abwechslungsreiche Waldgebiete gemischter Vegetation nach dem 1½ Stunden entfernten Gutshofe Freiham. Auf diesem Wege gelangt man zunächst zu der Wallfahrtskirche Maria Eich und bleibt sodann in der Richtung des be= kannten nach Pasing führenden Waldweges, bis nach etwa einer halben Stunde der Weg nach Freiham durch ein Föhrenwäldchen links abzweigt. Das dem Reichsrat Ritter v. Maffei gehörende große Gut mit Schloß und alter Kirche stand früher im Besitze der Grafen Seau und Yrsch und ist von historischem Interesse. Ein eigentliches Gasthaus existiert dort nicht, doch ist noch kein Wandersmann von der Kantine des Gutshofes hungrig und durstig von dannen gegangen. Der schattige Garten bietet einen ruhigen Aufenthalt. Von Freiham kann man per Bahn nach München gelangen oder auf angenehmen Waldwegen Pasing in ¾ Stunden erreichen. Gesamtaufwand 5 Stunden.

XXXV.
Grünwalder Forst.
2. Wörnbrunn — Laufzorn — Oberdill — Brunnwart.

Ab Großhesselohe über die Brücke längs der Bahn bis zum Parkeinstieg, sodann in südöstlicher Richtung den Wald= weg entlang bis zum Ötzgeräumt, dann von hier am besten auf der Straße fort nach dem 1 Stunde entfernten Forst= haus Wörnbrunn. Angenehmer Aufenthalt, auch im Winter ist es in dem traulichen Forsthause behaglich in der gut geheizten Stube zu sitzen, wenn draußen die Tannen im Schnee erstarren. Von Wörnbrunn führt uns der Weg in

genau südlicher Richtung in einer guten halben Stunde zuerst
durch dichtes Stangenholz, dann über eine große Kahlfläche
nach Laufzorn. Im südlich von Wörnbrunn gelegenen
Teil des Forstes stoßen wir auf zahlreiche Hochäcker, be=
sonders der unmittelbar an der Straße von Grünwald nach
Oberhaching gelegene Teil ist seiner ganzen Länge nach mit
Hochäckern bedeckt, welche an dem regelmäßig gefurchten
Boden leicht erkenntlich sind. Unsere Altvordern kannten die
Düngerwirtschaft nicht und überließen das ausgenutzte Erd=
reich seinem Schicksal, um neue Gebiete für ihre Zwecke aus=
zuroden und anzubauen. Laufzorn ist ein Fideikommißgut der
Familie von Ranke und war ehemals ein Jagdschloß der
bayerischen Herzoge. Die reichhaltigen Lehmlager seiner Um=
gebung bilden den Rand des Moränenzuges des einstigen
Isargletschers. Von Laufzorn gelangt man in westlicher Rich=
tung genau parallel der alten Römerstraße in einer halben
Stunde zum Forsthaus Oberdill mit gut besuchter Waldwirt=
schaft. Von Oberdill erreichen wir in einer guten Viertel=
stunde nordwärts die Römerschanze. Ein Blick von der Aus=
sichtsbank auf den Flußlauf und die mit herrlichem Buchen=
schlag bestandenen Uferpartien gehört wohl mit zu den schönsten
des Isartals. Nun folgen wir dem Steilrande der Isar in
nördlicher Richtung bis zum Brunnhäusl, von welchem ein
steiler Treppenweg hinab zum idyllisch gelegenen Brunn=
wart führt. In einer weiteren halben Stunde durch Wald
und anmutiges Gelände ist die Grünwalderbrücke erreicht.
Jenseits der Brücke, oberhalb Höllriegelsgreuth, liegt
die Bahnstation. Rüstige Fußgeher wandern von hier wohl
noch weiter isarabwärts.

XXXVI.
Perlacher und Höhenkirchener Forst.
3. Gronsdorf — Solalinden — Putzbrunn — Siegertsbrunn.

Von Gronsdorf führt ein Waldweg nach dem eine kleine
Stunde entfernten Gute Solalinden mit Wirtschaft und
schattigem Garten. In einer weiteren halben Stunde erreicht
man auf dem Sträßchen das stattliche Dorf Putzbrunn und
gelangt von hier wieder durch Wald nach dem 1¹/₂ Stunden

entfernten schönen Dorfe **Siegertsbrunn** mit der bekannten Leonhardi=Wallfahrtskirche, deren Besuch der vielen Votivtafeln wegen nicht zu versäumen ist. Von hier aus soll der hl. Leonhard im 8. Jahrhundert den christlichen Glauben verbreitet haben. In der in Mitte des Dorfes gelegenen Peterskirche befinden sich zwei wertvolle Holzreliefs, von denen eines das Martyrium des hl. Emeran in naiver Weise veranschaulicht. Jenseits der Bahnlinie liegt Höhenkirchen, dessen Entstehung auf das Jahr 1220 zurückreicht. Hier Bahnstation zur Heimfahrt.

XXXVII.
4. Haar — Grasbrunn — Egmating — Aying.

Einen Hochgenuß für einsam Wandernde bietet diese in etwas weitabgelegene Gebiete führende Tour. Wir wenden uns von Station **Haar** über Keferlohe nach **Grasbrunn**, ein stattliches Dorf mit großen Bauernhöfen. Von hier führt uns der Weg genau südlich in 10 Minuten an die Straße nach Pframmern, welche wir verfolgen bis zum sog. 1½ Stunden entfernten Forstwirt, ein einsam im Walde gelegenes Wirtshaus. Man wird gut tun, sich hier zum Weitermarsch etwas zu stärken. Etwa 100 Schritte auf der Straße fortschreitend zweigt rechts wieder in genau südlicher Richtung der Weg nach **Egmating** ab, welches wir in weiteren 1½ Stunden erreichen. Diese Wanderung führt durch einsame Waldpartien, es ist eine wahre Freude, so ungestört in Mitte der feierlich stillen Natur dahinzuwandern. Bald zeigt sich durch eine Waldlichtung auf der linken Seite der Kirchturm von Pframmern, wir schreiten aber stets geradeaus. Nach einer guten Stunde führt der Fußweg aus dem Forst zur Einöde Neuorthofen und an die Straße nach **Egmating**, welches bereits auf einem sanften Höhenrücken vor uns liegt. Egmating war ehedem im Besitze der Edlen von Ehemuttingen um 1020, gelangte unter anderm später an die Schrenk von Notzing und Impler und ist jetzt im Besitze des Baron Büsing von Zinneberg. Der dort gebraute Stoff erfreut sich eines guten Rufes. Die Lage des Ortes mit dem einfachen Schlosse und seinem wuchtigen Dorfkirchturm ist eine sehr freundliche. Auch der dortige Sommerkeller kann als ländlich ideal be=

zeichnet werden. Einzig schön ist nun der 2½ Stunden lange
Waldweg von Egmating an den stillen Kastensee und wieder
etwas zurück und links ab nach A y i n g. Die Wege sind
gut markiert und können nicht gefehlt werden. Hier hat der
Verein München-Ost Gutes geschaffen und aus dem Werk-
chen über die östliche Umgebung Münchens dieses Vereines
ist viel Eingehendes über diesen Bezirk zu finden.

Im Zehetmaierischen Garten zu Aying läßt sich der Rest
des Tages bis zum Abgang des Zuges gut verbringen. Sehr
interessant ist das alte, ganz aus Holz gebaute Gerichtsge-
bäude des Ortes mit Freitreppe gegenüber der Brauerei. In
der Kirche befindet sich ein origineller Grabstein des Pfarr-
herrn Dreier aus dem Jahre 1695, welcher sich seine eigene
Grabschrift selbst verfaßte, sie lautet:

> Ein Dreier ich genannet war
> Hier Pfarrer drei und dreißig Jahr,
> Der Tod hat mich gewurgelt ab
> Und hergelegt in dieses Grab.
> Jetzt wart ich da in Koth und Erd
> Bis daß ich wieder billig werd
> Ein Dreier will ich allzeit sein
> Vollgiltig dort in Drei und Ein.
> Der Du das lestest bet für mich
> Ich will Gott bitten auch für Dich.
>   R. I. P.

XXXVIII.
5. Forstenriederpark, Fürstenried.

Dieser München zunächst gelegene große Forst, welcher
von einem rüstigen Fußgeher in 2 Stunden und von Station
Solln in einer guten halben Stunde erreicht werden kann,
hat durch den Radfahr- und Automobilverkehr auf den ersten
Blick viel von seinem ursprünglichen Reiz verloren. Schwere,
mit Segelleinen überspannte Frachtwagen, Landfuhrwerke und
ab und zu ein Bauer oder Handwerksbursche mit dem Fell-
eisen am Rücken waren die einzigen Passanten auf der alten
Staatsstraße durch den Park vor noch nicht langer Zeit. Das

Rot= und Schwarzwild hatte sich an deren Anblick gewöhnt und scheute nicht im mindesten, ging doch alles im gemütlichen Tempo der guten alten Zeit, zu welcher man sich noch an Herrn Petermanns unglaublichen Jagdgeschichten ergötzte, die Zeitungen kleines Format hatten und die Gemüter noch nicht mit so vielen unnützen Dingen in Aufruhr versetzten. Früher konnte man neben der ganzen Straße entlang im kühlen Waldesschatten dahinwandern. Der enormen Ausdehnung des Parkes gegenüber spielt jedoch die nunmehr eingezäunte Verkehrslinie kaum eine große Rolle und der still Dahinwandelnde findet Waldesruhe und Einsamkeit wie ehedem, möge es immer so bleiben. Das moderne Schlagwort über die Erschließung der Waldungen Münchens für die Allgemeinheit vernehmen wir nur mit gemischten Gefühlen, denn wer die Natur in ihrer jungfräulichen Schönheit sucht, der findet sie, erschlossen werden hierbei meist nur die Einnahmsquellen für Grundstücksspekulanten.

Im Jahre 1772 umfaßte der Park noch außer dem jetzigen Bestande 16 eingeparkte Ortschaften und hatte sein nördlichst gelegenes Einlaßtor an der Pasingerlandstraße. 1797 und 1805 wurde er bedeutend verkleinert und 1848 auf seine jetzige immer noch bedeutende Größe gebracht. Die alten Kartenwerke von Apian lassen die einstige Bewaldung deutlich erkennen. Die Jagdbefugnisse waren überaus drückend.

Unter den Streifzügen durch den Park seien erwähnt: 1. Die Durchquerung des Forstes durch den Parkeinstieg auf der Seite gegen Solln in westlicher Richtung zum Karolinengeräumt und diesem entlang am Futterplatze vorüber bis zur Diensthütte. Hier beginnt das Terrain etwas wellig zu werden. Von der Diensthütte halb rechts an der Sandgrube vorüber in westlicher Richtung dem Zuge der alten Römerstraße entlang, deren Spuren deutlich erkennbar sind, die Staatsstraße am Stiegel überquert und auf der Römerstraße fort, welche in eine Waldstraße einmündet, die uns aus dem Parke und nach Buchendorf führt. Ab Solln 2½ Stunden. — 2. Dem Karolinengeräumt entlang an den Schießstandplätzen vorüber bis zum Parkausgang bei Schorn. 2 Stunden. — 3. Die Tour **Gauting, Oberdill, Baierbrunn**, 3 Stunden, bietet die schönste Abwechslung. Der Weg geht von Buchendorf genau südlich in den Wald, hier links nach ¼ Stunde zum Parkeingang und dem Amaliengeräumt entlang zur Staatsstraße und nach Oberdill. Von Oberdill zuerst Sträßl, dann Fußweg links ab zur südlichen Sauschütt und dann weiter östlich auf Fußweg zur Straße und zum Parkausgang nach Baierbrunn. Ehe wir Baierbrunn erreichen, bietet sich noch von der Höhe des lehmbestandenen Moränenrückens ein hübsches Alpenpanorama. — 4. Forstenried, Unterdill, Neuried, Fürstenried. Forstenried, gleich Fürstenried ehemals zur Kloster Polling gehörig, besitzt in seiner alten Pfarrkirche ein Kruzifix auf dem Hauptaltar aus altchristlicher Zeit, welches 1229 von Andechs hierher gebracht wurde. — Durch das langgestreckte Dorf weiterschreitend gelangen wir in ¼ Stunde an den Parkeingang nach Unterdill, ein köstlicher Aufenthalt an schönen Sommerabenden. Von Unterdill setzt sich die Tour in westlicher Richtung über das Stiegel auf schönem Waldweg über Sauschütt zum Linkgeräumt und zum Neuriederstäßl fort bis Neuried ¾ Stunden. Von Neuried gelangt man in ¼ Stunde auf einförmiger Straße nach Fürstenried. Das Gärtchen der kleinen Dorfschenke bietet angenehmen Aufenthalt. Das 1717 im Barockstil erbaute Schloß war ehedem von Seite des Hofes der Zielpunkt glänzender Schlittenfahrten. Lange Zeit verödet fand sich in Mitte des vorigen Jahrhunderts sehr häufig Prinz Adalbert von Bayern, ein Bruder König Max II. von Bayern und Generalissimus der Landwehr älterer Ordnung, eine liebenswürdige und populäre Persönlichkeit, dort ein. Der Prinz fuhr auch oftmals nach dem Forstenriederpark und war ein gern gesehener Gast des alten Forstwart Bärenfänger in Unterdill. Vier Reihen prächtiger alter Lindenbäume begrenzen die Fürstenriederstraße, die in gerader Linie zum Schlosse führt, welches in einsamer Ruhe vor uns liegt und seit vielen Jahren dem unglücklichen König Otto von Bayern zum Wohnsitz dient. Der nahegelegene Maxhof war früher eine kurfürstliche Fasanerie und bietet einen ruhigen Aufenthalt. Von Fürstenried, welches früher Poschetsried hieß, als es noch zum Kloster Polling gehörte, führt über die Felder ein Fußweg, in dessen Verlauf wir auf schattigen Waldwegen nach Holzapfelkreuth zum Anschluß an die Trambahn gelangen.

XXXIX.
Weilheim, Hohenpeissenberg, Wessobrunn, Diessen, Herrsching.

Zu einer befriedigenden Ausführung dieser Tour sind mindestens 1½ Tag erforderlich. Von rüstigen Fußgehern kann dieselbe wohl auch an einem Tage unter Hinweglassung Weilheims bezwungen werden, doch ist in den angeführten Orten unbedingt ein längerer Aufenthalt geboten und das Genießen im Fluge nicht zu empfehlen.

Wir fahren deshalb mit einem zeitigen Nachmittagszuge nach dem Ausgangspunkte unserer Tour. Weilheim ist ein schmuckes Städtchen in hübscher Lage mit dem prächtigen Hintergrund der Alpenkette und einer waldreichen Umgebung voll schöner Aussichtspunkte und guter Gaststätten. Allerdings, wer das alte Städtchen im historischen Schmucke seiner Mauern, Tore und Türmchen noch vor 40 Jahren geschaut, dem kommt das heutige Gesamtbild der Stadt etwas nüchtern vor. Solch kleine Städte sollten sich ihres historischen Schmuckes ohne zwingende Gründe nicht entledigen. Man hat in Weilheim wohl Gründe gehabt, die Mauern zu schleifen. Oder wäre es doch ein Weilheimer Stücklein gewesen, wie deren so viele wohl erdichtet im Volksmunde sich im Umlaufe befinden? Weilheim hatte wie nicht viele Städte in bayerischen Landen unter der Kriegsfurie arg zu leiden. 1633 brannten die Schweden 40 Häuser nieder, 1646 erstürmten Schweden und Franzosen die Stadt aufs neue, 1796 bis 1800 litt sie abermals unter den Drangsalen der Durchmärsche fremder Truppen, 1809 wurde sie von den Tirolern gebrandschatzt. Der unruhige Streiter Herzog Christoph von Bayern residierte im 15. Jahrhundert zur Zeit der unseligen Bruderzwiste längere Zeit in Weilheim. Weilheim ist die Geburtsstätte bedeutender Maler und Erzbildner. Unter den Sehenswürdigkeiten nimmt das Rathaus und die Stadtpfarrkirche unsere Aufmerksamkeit in Anspruch. Das Innere der Kirche birgt außer einigen Statuen von künstlerischem Werte mehrere Epitaphien aus dem 16. Jahrhundert und eine berühmte kunstvolle silberne Monstranz. Nach einem Rundgang durch die Stadt eilen wir wieder dem Bahnhof zu, um mit dem Abendzug nach Station Peissenberg zu gelangen.

Die sinkende Sonne vergoldet die Baumwipfel des dicht vor uns liegenden „Bayerischen Rigi", den wir sofort von dem einfachen, gerne besuchten Bad Sulz aus besteigen. Ein blau-weiß markierter Weg führt direkt vom Bade zum Gipfel. Ein zweiter Pfad zweigt links ab und führt durch Wald über den Weinbauer, mit hübschem Blick auf Ammertal und Hochgebirge. Wir wählen, da uns der Abend den Wald entbehrlich macht, den alten, nach rechts abzweigenden Bergweg über die St. Michaelskapelle. Der mühelose Aufstieg in duftiger Abendkühle ist köstlich. Freundlich gelegene Höfe mit hübschen Gärtchen und plätschernden Brunnen grüßen den Wanderer. Die Hauptmasse des Berges gehört der Tertiärformation an. Mächtige Sandsteingeschiebe, Molasse und Kohlenflöze bergen sich unter seiner grünen Hülle; auch zahlreiche Versteinerungen kommen vor und die Ausbeute an Steinkohle ist ziemlich bedeutend. Auf luftiger Höhe angelangt, genießen wir noch das farbenprächtige Schauspiel des Sonnenunterganges. Man trennt sich ungern von der einzigartigen Rundsicht, welche kein Hochpunkt Bayerns zu übertreffen vermag. Über 400 Orte und elf Seebecken liegen zu unseren Füßen. Der Blick auf die unbegrenzte Ebene im Norden und auf die mächtige Alpenkette im Süden, von den Salzburger bis zu den Algäuer Bergen in mannigfaltigster Beleuchtung, ist packend.

Unter den Baulichkeiten auf dem Plateau fällt vor allen das originelle doppelschiffige Kirchlein mit zwei wertvollen Holzschnitzwerken auf, es bildet mit Pfarrhaus, Schule, Gasthaus und wenigen Privatgebäuden ein kleines Gemeinwesen. Der Besuch der meteorologischen Warte darf nicht versäumt werden, es ist die älteste in Bayern. Die ersten Ansiedler auf diesem Gipfel waren Welfen (etwa im Jahre 1050). Das später entstandene Kloster wurde von Rottenburger Chorherren bewohnt und die Kirche von diesen zur Wallfahrtskirche erhoben. Hier oben auf der Höhe des Peißenberges haben sich 1525, als die verheerenden Wogen des Bauernkrieges durch die deutschen Lande tobten, Tausende von bayerischen Oberländern zusammengefunden und eine feierliche Absage gegen die schwäbischen Rebellen beschworen und so die Gefahr des Raubes und der Plünderung dieses gesegneten Landstriches verhindert. Die aufständigen Scharen zogen sich über den Lech zurück und wurden bald darauf gänzlich aufgerieben. Auch von den Einfällen der

Schweden, 1632, blieb diese friedliche Ansiedlung nicht verschont.

In dem gastlichen, von mächtigen Bäumen flankierten Wirtshaus nehmen wir Nachtquartier und halten am nächsten Morgen nochmals Umschau. Die Luft ist klar und so erkennen wir nordöstlich die schwachen Umrisse des Bayerischen Waldes, und im Süden weit hinter dem Einschnitt des Kesselbergs ragt der eisbedeckte Venediger hervor. Unter den verschiedenen Ausflügen, welche von hier aus unternommen werden können, seien hervorgehoben die prächtige Wanderung durch den Ampergrund über Böbing nach Rothenbuch und die Tour über Hetten nach dem alten, malerisch gelegenen Schongau, wohin der weitere, aber schönere Weg durch das Ampertal und Peiting führt. Nun wandern wir wieder talabwärts in genau nördlicher Richtung durch schattigen Hochwald nach dem eine gute halbe Stunde entfernten Weiler Krönau. Ein Wegweiser bezeichnet uns hier die nun einzuschlagende Richtung über Forst nach Wessobrunn. Der Fußweg mündet bald in das Sträßchen nach St. Leonhard ein, welches wir nach einer Viertelstunde wieder verlassen. Eine Viertelstunde östlich von St. Leonhard, bei dem Orte Paterzell, ist der hochinteressante Eibenwald gelegen. Der größte Bestand dieser edlen Coniferenart, welchen Deutschlands Gauen aufzuweisen haben. Auf welligen Wiesenpfaden gelangt man über St. Leonhard und später durch Wald und eine malerische Schlucht in zwei Stunden nach Wessobrunn. Das stattliche Dorf mit seinen ausgedehnten ehemaligen Klostergebäuden ist weithin sichtbar und nimmt unsere ganze Aufmerksamkeit in Anspruch. Hier stand eine der ältesten Kulturstätten des 8. Jahrhunderts, weltberühmt durch die Werke gelehrter Mönche. Eines der ältesten deutschen Sprachdenkmale ist das Wessobrunner Gebet. Das ganze Gebet ist in der Ursprache der Nachwelt zum Gedächtnis in Stein gemeißelt und von unserem unvergeßlichen Historiker Professor Sepp unter einer mächtigen Linde aufgestellt worden.

Unweit des Benediktinerklosters befand sich auch ein Frauenstift und das Grabmal der hl. Juta. Die berühmten Pergamentmalereien, Initialen und Bibelschriften der Nonne Diemuth aus dem dortigen Kloster bilden eine Zierde der Münchener Staatsbibliothek. Die einstmaligen, öfter neu erbauten Klostergebäude werden nunmehr zu Brauerei= und Wirtschaftszwecken verwendet. Sie sind bekanntlich Eigentum des Reichsrates von Cramer=Klett. Im Klosterhofe steht ein alter Römerturm und die Kirche birgt ein wertvolles Kruzifix aus altchriftlicher Zeit. In der Nähe des Dorfes auf dem Kreuzberge an der Straße nach Landsberg sehen wir die be= zeichnete Stelle, an welcher sieben Mönche von den Hunnen ermordet wurden. Nach Besichtigung alles dessen halten wir Mittagsrast im Gasthause zur Post und wenden uns im Laufe des Nachmittags unserer Endstation Bayerdiessen zu, am besten auf dem größtenteils schattigen Waldweg nach der zwei Stunden entfernten Ortschaft und Bahnstation Raisting, um von hier per Bahn nach Diessen zu gelangen. Der direkte Weg von Wessobrunn nach Diessen zieht sich $3^1/_2$ Stunden über eine sonnige, aber aussichtsreiche Anhöhe nordwärts und dann durch Wald, wobei auf die markierte Verbindungs= strecke zu achten ist. Der Rest des Weges von $1^1/_2$ Stunden ist wieder schattenlos, doch gegen Abend leicht erträglich, er führt über den Klosterseehof und St. Georgen nach Diessen. Eine schöne Seefahrt in der Abendkühle bringt uns nach Herrsching. In feierlicher Ruhe liegt der Seespiegel vor uns. Das Glöcklein von St. Alban verkündet die Nacht. Ein schöner Tag ist zur Neige gegangen. In Herrsching erreichen wir den Anschluß an die Bahn.

XXXX.
Seitentour Weilheim, Polling, Marnbach, Bernried.

3 Kilometer südlich von Weilheim an der Murnauer= straße gelangen wir zur ehemals berühmten Benediktinerabtei Polling mit sehenswerter Kirche. 750 von Herzog Tas= silo II. gegründet und vom hl. Bonifazius, dem Apostel der Deutschen, eingeweiht. 955 wurde das Kloster von den Ungarn zerstört. Unter den späteren Angehörigen des Stiftes glänzen die Namen des Abtes Gerhoh und Eusebius Amort, Gründer des Parnassus boicus als Mitglied der Akademie der Wissen= schaften, und Gerhoh Steigenberger. Die Bibliothek des Klosters umfaßte 80 000 Bände, wovon 20 000 der Münchner Staatsbibliothek einverleibt wurden. Wiederholt zerstört und stets aufs neue aufgebaut fiel diese Stätte der Gelehrsamkeit 1803 der Säkularisation zum Opfer. Wohl hat das Über=

Mühle bei Polling.

handnehmen der Klöster in späteren Zeiten manche Übelstände gezeitigt, statt diese zu beseitigen hat blinder Haß und Unverstand unermeßliche Kunstschätze der Vernichtung preisgegeben.

Von Polling gelangt man über den lieblichen Jakobsee und über Langenlaich durch den Mühlwald in 8 Kilometer nach Marnbach und Magnetsried. Von diesem stattlichen Orte erreicht man in 2 Kilometern auf der

Straße Jenhausen und in weiteren 6 Kilometern gelangt man auf einem Fußwege am Nußberger Weiher vorüber und über Moorwiesen, dann durch Wald zur Bernrieder Schwaige und auf der Staatsstraße nach Bernried.

XXXXI.
Hörlkofen, Kaltenbachtal, Isen, St. Wolfgang, Dorfen.

Diese Tour berührt selten besuchte schöne Gebiete. In Station Hörlkofen der Linie Schwaben den Frühzug verlassend befinden wir uns meist allein auf weiter Flur. Von hier können wir auf zwei verschiedenen Wegen nach dem 2½ Stunden entfernten Isen gelangen. Der eine Weg ist markiert und führt vorerst zurück zum Bahnübergang, dann über Wiesen und durch Wald nach Hausmehring und Buch und von dort parallel mit der Straße das Kaltenbachtal durchkreuzend nach Isen. Der zweite etwas kürzere Weg führt uns von Hörlkofen direkt nach Hampersdorf und von hier durch Hochwald in der Richtung gegen Inner-Bittlbach und in das Kaltenbachtal auf schönem Weg hinab. Dieses Tälchen, welches vom Kaltenbach bewässert wird, hat Ähnlichkeit mit dem Gleißental, nur bedecken hier bedeutend dichtere Waldungen die Höhenzüge. Durch die blumigen Wiesen des Talgrundes schlängelt sich der Pfad bis zum Taleinschnitt, von welchem wir links die Straße nach Isen einschlagen. Ein prächtiger Buchenwald führt uns zur Anhöhe, von welcher wir einen freien Blick auf das lieblich gelegene Isen erhalten. Der freundliche Markt liegt in der Mitte des Bildes. In einer Viertelstunde ist der Ort erreicht, welchen wir schon gelegentlich der Tour Hohenlinden—Burgrain kennen gelernt haben. Nach angemessener Mittagsrast setzen wir unsere Wanderung fort auf breiter Straße in östlicher Richtung aufwärts über hügeliges Gelände und durch Wald. Das von Isen 1½ Stunden entfernte St. Wolfgang ist ein reizendes Dorf mit durchwegs freundlichen Häuschen und schönen Höfen zwischen Baumgruppen und Gärten in einer Talmulde gelegen, von deren Höhen ernste Wälder herabschauen. Vor allem ist es die altgotische Pfarrkirche, welche schon ihrer Bauart wegen unser Interesse wachruft. Außer den Altären und sonstigem Schnitzwerk, teils dem gotischen und teils dem Stile der deutschen Renaissance angehörend und vom Alter gebräunt, ist der tieferliegende, links vom Schiff der Kirche befindliche Anbau von besonders malerischer Wirkung und unwillkürlich werden wir an die alten Tiroler Kirchen von Hall und Schwaz erinnert, auch die ganze Lage des Ortes hat einen etwas südlichen Einschlag. In der Silbernagelschen Wirtschaft dortselbst ist ein vom Alter geschwärzter Holzplafond von großer Schönheit zu sehen. Den langgestreckten Ort durchwandernd bei der zweiten Kirche vorbei und links neben einer Sandgrube aufwärts zieht sich ein schöner aussichtsreicher Fußweg über die Höhenzüge in der Richtung gegen Dorfen. Dieser zwei Stunden lange Weg gewährt überraschende Ausblicke auf die gegenüberliegende Hügelkette, welche mit zahlreichen Ortschaften bedeckt ist. Ein Fußweg, der später in einen Radfahrerweg übergeht, führt hinab in das freundliche Städtchen Dorfen. Ist uns dasselbe bereits bekannt, so können wir in dem behaglichen Biergarten in der Nähe des Bahnhofes mit Muße den Abendzug erwarten. Dorfen wurde bereits in Tour 28 erwähnt.

XXXXII.
Steinebach am Wörthsee, Breitbrunn, Greifenberg, St. Ottilien.

Die Herrschinger Bahn führt uns an den schönen blauen Wörthsee, welchen wir mit einem Frühzuge in Station Steinebach erreichen. Unsere Wanderung zieht sich um die linke Seite des Sees, anfänglich über Wiesen mit freiem Ausblick über das fischreiche Gewässer und später durch Buchenwald auf einem schmalen Sträßchen nach dem ³/₄ Stunden entfernten kleinen Dörfchen Schattenhofen. Von Schattenhofen erreichen wir in einer weiteren guten halben Stunde die Höhenzüge des Ammersees, welche uns eine wunderbare Aussicht darbieten und gelangen in den in ländlicher Stille gelegenen Uferort Breitbrunn. Die herrschende Ruhe wirkt wohltuend auf die Nerven, der Himmel blaut und frisch bläst der Seewind, während wir mit dem kleinen Dampfer nach Unterschondorf mit seinem altersgrauen Kirchlein übersetzen. In dem einfachen am See gelegenen Wirtsgarten nehmen wir Aufenthalt und begeben uns des Nachmittags im gemütlichen Tempo auf hübschem Waldweg hinauf nach dem ½ Stunde entfernten Greifenberg, dessen hübsche Lage und die charakteristische Bauart der Häuser sofort in die Augen fällt. Von besonderer Eigenart sind die flach gehaltenen Schnitzmuster an den Haustüren und Giebeln der dortigen Gegend und die Bauernhöfe weisen vielfach über den Scheunentoren kleine bemalte biblische Figuren von Holz auf, deren naive Auffassung auf eine unverfälschte Volkskunst hinweist. Dieser originelle Figurenschmuck erstreckt sich bis gegen Augsburg. Das Idiom des Dialekts hat hier bereits stark schwäbischen Einschlag. Unser Weg führt von Greifenberg auf der Straße rechts fort und beim letzten Hause des Ortes zweigt ein Fußsteig links ab über Wiesengründe nach dem Weiler Algertshausen und nach Pflaumdorf. Von dort führt wieder ein Fußweg durch Wald, bei dessen Verlassen das Kloster St. Ottilien vor uns steht. Der Weg ab Schondorf beträgt 1½ Stunden. Man erstaunt, welche kolossale Ausdehnung die Klostergebäude besitzen und man sieht, was Bienenfleiß zustande bringt. Ein mächtiger Bau im romanischen Stile erhebt sich vor uns. Das Innere der Kirche ist stimmungsvoll aber prunklos. Das Kloster dient dem Zwecke der Förderung der Heidenmission. Alle Gewerbe werden neben rationeller Landwirtschaft hier betrieben und erlernt. Ein Museum gibt uns einen Einblick in die Gebiete der Tätigkeit der Brüder in fernen Landen. Außer fremden Tierkörpern und Naturseltenheiten aller Art lernen wir hier eine Unzahl von Gebrauchsgegenständen und Waffen unkultivierter Völker kennen. Es ist schade, daß eine Braustätte fehlt, doch haben restaurationsbedürftige Pilger Gelegenheit, in einem zum Kloster gehörenden Gasthause sich zu erfrischen. Der Tag neigt sich dem Ende zu und wir müssen Abschied nehmen. Der Weg führt uns an einem Weiher vorüber und durch Wald nach Station Geltendorf. Das rote Mauerwerk der hochragenden Klosterkirche leuchtet in der Abendsonne weit hinaus ins Land. Schon haben wir uns eine Stunde Wegs entfernt und noch erblicken wir durch eine Waldlichtung die Silhouette des Turmes von St. Ottilien am gelben Abendhimmel. Von Geltendorf oder dem 3 Kilometer durch Wald getrennten Türkenfeld können wir die Heimfahrt antreten.